W0052286

Klaus Ranzenberger

Der Onkel Franz

oder
die Typologie des Innviertlers

Klaus Ranzenberger

Der Onkel Franz

oder
die Typologie des Innviertlers

(sehr frei nach Friedrich Torberg)

VERLAG ANTON PUSTET

Impressum

Bibliografische Information der Deutschen Nationalbibliothek
Die Deutsche Nationalbibliothek verzeichnet diese Publikation
in der Deutschen Nationalbibliografie; detaillierte bibliografische
Daten sind im Internet über http://dnb.d-nb.de abrufbar.

© 2014 Verlag Anton Pustet
5020 Salzburg, Bergstraße 12
Sämtliche Rechte vorbehalten.

Coverfoto: Kurt Salhofer

Grafik, Satz und Produktion: Tanja Kühnel
Lektorat: Arnold Klaffenböck, Dorothea Forster
Druck: Druckerei Theiss, St. Stefan im Lavanttal
Gedruckt in Österreich

ISBN 978-3-7025-0767-1

www.pustet.at

Inhalt

Prolog

Wie es sich für einen Prolog geziemt, stelle ich ihn ganz an den Anfang. Wobei das in ihm Vorkommende möglicherweise besser hintangestellt gehörte, da es sich dabei um so manche Danksagung sowie Betrachtungen resümierender Art handelt. Schon Jörg Mauthe beginnt seinen Roman „Die große Hitze oder Die Errettung Österreichs durch den Legationsrat Dr. Tuzzi" mit Überlegungen über die richtige Einleitung, den passenden Beginn. Weiters stellt er es dem Leser bereits in den Titeln seiner Kapitel zur Disposition, das eine zu überspringen oder ein anderes gar vorzuziehen. Friedrich Torberg wiederum entschuldigt sich in seiner „Tante Jolesch" mehrmals für die Rösselsprünge, die sein Text zuweilen vollführt. Doch er erklärt auch, dass diese unumgänglich wären. Es würde im Wesen einer Sammlung von Anekdoten und Betrachtungen liegen. Dass quasi eines zum anderen führe, ein Gedanke den anderen ablösen würde, jede Erinnerung zwangsläufig in der nächsten münde. Und genau so gehöre es niedergeschrieben und gelesen. Dem kann ich mich durchaus anschließen. Somit folge ich dem großen Vorbild und entschuldige mich ebenfalls beim geneigten Leser für eine scheinbar willkürliche Aneinanderreihung des Folgenden.

Zu den angekündigten Danksagungen. Sie gelten vor allem jenen, die zu diesem Buch beitrugen. Und dabei handelt es sich nicht nur um Personen, die mich im Lauf der Zeit beeinflussten – auch dem Biotop, das mich prägte, kommt in diesem Zusammenhang eine tragende Rolle zu. Hier muss der Begriff „Heimat" bemüht werden. Torbergs „Tante Jolesch" konnte nur in eben jener Zeit und dem Milieu entstehen, die der Autor erlebte und beschrieb. Und so versuche ich nun auch Ort und Zeit mithilfe einer fiktiven Person zu Papier zu bringen. Einer Person, die in der Folge noch vorgestellt wird. Doch zuerst – und das ist nun die angekündigte Danksagung an die Heimat – wollen wir das Innviertel auf die Bühne holen. Das historisch jüngste Viertel Oberösterreichs, im Norden und Westen an Bayern grenzend, im Süden an Salzburg. Zum Osten hin erstreckt sich der sogenannte Zentralraum, hier wird es urbaner. Größere Städte wie Wels sind da zu finden oder gar die Landeshauptstadt Linz.

Im Innviertel selbst sind die Städte kleiner. Die größte davon zählt an die 17.000 Einwohner und ist die meinige. Die Rede ist von Braunau. Hier bin ich geboren und aufgewachsen. Lassen Sie mich die Besonderheiten der Stadt und ihrer nächsten Umgebung beschreiben, sie sind maßgeblich für die Entstehung meiner Figuren.

Das Innviertel ist vordergründig ein bäuerliches. Und dennoch zeigen unsere Städte – entstanden etwa aus klösterlichen Pfalzen oder Niederlassungen des Salzhandels – urbanes Leben und wohlhabendes Bürgertum. Braunau verfügt zudem mit dem eingemeindeten Ortsteil Ranshofen – hier wuchs ich zunächst auf – über einen sehr dörflichen Trabanten. Der wiederum eine Besonderheit aufzuweisen hat. Durch die hier angesiedelte Aluminiumindustrie wurde der zuvor rein bäuerlichen Einwohnerschaft der Typus des Industriearbeiters und des einfachen bis leitenden Angestellten hinzugefügt. Diese genauere Beschreibung scheint mir notwendig, da sie die Lebensumstände verdeutlicht, die vorliegendes Buch wachsen ließen. Darum noch einige Worte zum Ort der Handlung.

Braunau ist die älteste, größte und auch schönste (Anm. d. Autors) Stadt des Innviertels und kann somit auch durchaus als die Hauptstadt dieses Landesteiles angesehen werden. Eines Landesteiles, dessen Vorzüge dem Bewohner selbst oft gar nicht so präsent sind. Das Innviertel wartet auf mit einer genauso schönen wie abwechslungsreichen Landschaft. Seien es die wunderbaren Innauen bis hin zum Donauufer im Nordosten, sei es der Höhenzug des Kobernaußerwaldes oder die reizvolle Moränenlandschaft im Seen- und Moorgebiet um Holzöster und Ibm, alles hat seinen eigenen Reiz. Auch die teils flachen, gegen Osten hin hügeligeren landwirtschaftlichen Nutzflächen mit ihren typischen Vierseithöfen prägen das Gesicht des Innviertels. Hier entstehen in kleiner, gesunder Struktur jene Genussmittel, die an Bedeutung noch hinzugewinnen werden. Denn immer mehr wird der Konsument in Zukunft nach unbelasteten Lebensmitteln fragen. Und da hat das Innviertel sehr viel zu bieten. Meiner Heimatstadt – der „schlafenden Schönen", wie ich Braunau auch gerne nenne – wird bei dieser Entwicklung gewiss noch eine tragende Rolle zukommen.

Doch ich schweife ab. Das Biotop, das den Onkel Franz hervorbrachte, ist somit umrissen und vorgestellt. Ebenso wie meiner lokalen Sozialisierung verdankt er sein Entstehen aber auch jenen Menschen, die während der letzten Jahre unschätzbare Dienste als Zuträger von Geschichten und Anekdoten leisteten.

Ihnen gilt mein Dank, wie auch allen anderen, die dieses Buch möglich gemacht haben.

Bevor es aber losgehen kann, ist in diesem Prolog noch eines anzumerken: Es betrifft die korrekte Schreibweise der Dialektpassagen. Autor und Lektor sind nach Rücksprache mit dem Onkel Franz und dem großen H. C. Artmann übereingekommen, dass es ebendiese nicht gibt. So entstand vorliegende Version. Sie folgt nicht rein wissenschaftlicher Transkription, vielmehr dem vagen Gefühl einer eher poetischen Lesbarkeit. Wir hoffen, dem geneigten Leser damit gedient zu haben.

Zum Geleit

Wer die Figur der Tante Jolesch aus Friedrich Torbergs gleichnamigem Werk kennt, wird wissen, dass diese – geprägt von ihrer Herkunft, Konfession und Zeit – einen Typus verkörpert, der – wie Torberg nicht ohne Wehmut bemerkt – heute nicht mehr aufzufinden ist. „Der Brunnen, aus dem ich schöpfe", schreibt er, „ist unwiederbringlich versiegt."

Der Brunnen, aus dem ich nun zu schöpfen gedenke, steht im Innviertel und bröckelt auch schon etwas.

Torbergs Figur war ein Mensch der ausgehenden K.-u.-K.-Zeit. Das urbane Leben in Wien und Prag – vielleicht ein Gut in Mähren –, das war ihr Milieu. Dementsprechend auch die Aussprüche und Anekdoten, die Torberg ihr zuschrieb.

Meine Tante Jolesch heißt Onkel Franz.

Der Onkel Franz persönlich

Der Onkel Franz ist in den Kleinstädten und Märkten des Innviertels und des sie umgebenden ländlichen Raumes angesiedelt, und die Zeit, in der er lebte und noch immer lebt, spannt ihren Bogen von den Dreißigerjahren des vorigen Jahrhunderts bis zum heutigen Tag. Aufgrund meiner relativen Jugend setzt meine Erinnerung an ihn und seine Wesensart erst in den Siebzigern ein.

Die Siebziger waren das Jahrzehnt meiner Schulzeit, die Achtziger meine Lehr- und Gesellenjahre, die Neunziger schließlich brachten mir die zweifelhaften Segnungen der Selbstständigkeit und trotz der hartnäckigen Lockungen der Großstädte gelang es mir bis heute nicht, dieses Innviertel dauerhaft zu verlassen – und das ist gut so.

Doch nun zur Person des Onkel Franz, der weder mein Onkel ist noch Franz heißt. Er ist der Typus des Innviertlers, den wir alle kennen. Wir kennen ihn vom Stammtisch, als Arbeitskollegen, aus dem Fußballverein. Ist der Onkel pensioniert, sehen wir ihn am Markttag auf dem Stadtplatz, wo er fernab jeder Kaufabsicht die Stände besichtigt, mit Gleichgesinnten die politische Lage erörtert oder einen prophylaktischen Arztbesuch erwägt. Dies bringt uns zum ersten der unzähligen ihm zugeordneten Aussprüche.

„Franzl", soll ihn ein ehemaliger, nun ebenfalls pensionierter Arbeitskollege beim wöchentlichen Marktbesuch gefragt haben, „i geh aufi zum Doktor, gehst mit?" – „Na", hat der Onkel Franz gesagt, „heit ned, heit bin i ned guat beinand!" Wer hier etwa einen Widerspruch zu entdecken glaubt, sei herzlich eingeladen, an einem Mittwochvormittag ein Braunauer Arztwartezimmer zu besuchen. „Und", wird der Onkel nun weiter befragt, „was feit da denn?" Was ihm fehle also, nicht was er hat, sondern was ihm zum allgemeinen Wohlbefinden abgehe also. Sodann auch die wohlerwogene Antwort: „Jo – na eh nix, mehr so oigemein, woast!"

„Oid soist ned werdn!", sagt der Onkel Franz dann. Das meint er aber nicht so. Denn das aus heutiger, wissenschaftlicher Sicht einzig probate Mittel, den Alterungsprozess eines Menschen zu unterbrechen, nicht „oid z'werdn", wäre jung zu sterben. Das kann der Onkel kaum gemeint haben. „Oid soist ned werdn" drückt vielmehr den Wunsch aus, sehr wohl sehr alt zu werden, aber bitte ohne Alterserscheinungen. Sozusagen die eierlegende Wollmilchsau. Mit 45 in Frührente, kerngesund und bei vollen Bezügen. Geht nicht. Bitte? Geht doch, sagen Sie? Sie kennen da einen? Na, ich weiß nicht. Der Onkel Franz jedenfalls sagt: „Des hört se jetzt a boid auf!"

Wie Torberg seine Tante Jolesch als Dreh- und Angelpunkt seiner Darstellung ihrer Zeit dem Leser an die Hand gibt, sie ihm bekannt macht, möchte ich Ihnen meinen Onkel Franz mit auf die Reise geben. Er ist bestens dafür geeignet, denn keiner kennt wohl sein Innviertel und die darin Wohnenden besser als er. Keiner war über die Jahrzehnte Zeuge so vieler Begebenheiten, Mitglied so zahlreicher Stammtische wie er. Kein anderer ist mir bekannt, der derart liebenswert grantig, alterserfahren und kindlich neugierig zugleich, von ernsthafter Nachdenklichkeit, aber auch lausbubenhafter Vergnüglichkeit geprägt ist wie er. Und so führt er uns im Folgenden an Schauplätze, an denen wir etliche seiner Art kennenlernen und uns ein Bild vom Menschenschlag der Region machen können. Auch versucht dieses Buch, eine Zeit zu konservieren, die uns zu entgleiten droht. Es erzählt in Anekdoten und Betrachtungen über die Ausdrucksweise der handelnden Personen ein Stück Zeit- und Kulturgeschichte, um diese so der kollektiven Erinnerung zu erhalten. Lassen Sie mich und meinen Onkel Franz davon berichten, um so eine Facette des Österreichers in seinem besonderen Milieu zwischen zwei Buchdeckeln zu bewahren. Auch in unserem Fall besteht schlicht durch den Lauf der Zeit die Gefahr des Verlorengehens. Doch dagegen haben wir Menschen ein Mittel entwickelt: Wir schreiben es auf.

Exkurs über die vielfältige Bedeutung von Redewendungen

Der Innviertler an sich – und der Onkel Franz im Speziellen – legt sich gerne fest. Und zwar darauf, sich nicht festzulegen. Will er seine Meinung über etwas ausdrücken, so beginnt er nicht etwa mit den Worten „I bin der Meinung, dass …", sondern greift zu der die Urheberschaft des Gesagten verschleiernden Redewendung „Jetzt soin s' jo gsogt hom, dass …" und lässt seinen Standpunkt folgen, um so – ohne sich festzulegen – erst einmal die Ansichten seines Gegenübers in Erfahrung zu bringen. Dieses wiederum wird sich hüten, sich seinerseits zu positionieren und greift zu der – die Person auf jeden Fall unangreifbar machenden – Antwort:

„Jo – na – eh!"

„Jo – na – eh!" Diese drei unscheinbaren Wörter drücken die gesamte innere Zerrissenheit des Innviertlers aus. Die Floskel beginnt mit einem eindeutig zustimmenden „Jo", setzt nach einer kaum merklichen Pause die Negation „na" dahinter und räumt, um den Zuhörer nun vollends zu verwirren, ein etwas widerwillig klingendes „eh" ein. Als hätte man noch nicht genug damit zu tun, diesen drei Wörtern einen etwaigen Sinn zuzuordnen, hat man überdies auch noch auf die Betonung zu achten, mit der sie ausgesprochen werden. Kriegen wir ein gedehntes, durch ein Fragezeichen unterbrochenes „Jo? – – na eh!" vorgesetzt, gilt es als gesichert anzunehmen, dass uns unser Gegenüber kein Wort glaubt. Hören wir jedoch ein zerknirschtes, knappes „Jonaeh", hat es zu bedeuten, dass sich der Kontrahent unseren Argumenten geschlagen gibt, es passt ihm aber nicht! Es steht dem Leser frei, eigene phonetische Experimente anzustellen.

Jetzt tut sich der Innviertler – weil damit aufgewachsen – nicht sonderlich schwer, die Feinheiten der Kommunikation gleichsam intuitiv zu begreifen, zu verstehen, was denn nun eigentlich gemeint war. Schwieriger wird es dann schon, wenn ein Angehöriger unseres Nachbarlandes Deutschland bei uns ausgewildert wird. An und für sich auch deutschsprachig, wird er sich dennoch schwertun, der hier üblichen Konversation hundertprozentig zu folgen. Und das liegt nicht am Dialekt allein. Daran gewöhnt man sich relativ schnell. Nein, die verschiedenen Ausdrücke sind es, die oft das Gegenteil, manchmal aber auch genau das Gesagte bedeuten. Oder womöglich überhaupt etwas ganz anderes. Kommt eben drauf an. Und das kann man nicht grammatikalisch verifizieren, das muss man erfühlen.

Nun verfügen wir in unserem schönen Landesteil über die Hauptsitze oder Filialen verschiedener Industriebetriebe, Zulieferer der Autoindustrie, Kunststoff- oder Metallformhersteller und Ähnliches. Und in der Administration dieser Firmen sind nicht selten bundesdeutsche Herren mittleren Alters tätig und haben sich aus diesem Grund im Innviertel niedergelassen. Und wurden auch – falls Ihnen jemand das Gegenteil erzählt, glauben Sie ihm kein Wort – herzlich aufgenommen. Einer dieser Herren, nennen wir ihn Rainer, ist mir persönlich bekannt. Rainer stammt aus Unterfranken und hat sich schnell eingelebt, beruflich wie privat. Des Öfteren ist er in unseren Gaststuben und Weinlokalen oder bei kulturellen Anlässen anzutreffen. Und bei einer dieser Gelegenheiten hat mir der liebe Rainer einmal sein Leid geklagt. „Weißt du", begann er, „mit der Sprach, des hätt i glei amol ghabt. Aber die Ausdrück und was dann eigentlich gmeint ist, des is mir teilweis bis heut net ganz klar." Vor allem im beruflichen Alltag, bei der Koordination verschiedener Abläufe mit den österreichischen Kollegen wären ihm deren Antworten beziehungsweise die Deutung derselben oft ein Rätsel.

„Da sag ich jetzt zum Beispiel zum Hans, der wo meine Abteilung leitet, zu dem sag ich: ‚Hans, was meinst jetzt du, wenn ich dies oder das erst am Freitag mach, damit ich heut noch das andere fertig kriech?' Drauf sagt der Hans: ‚Passt!' Jetzt hab ich anfangs gedacht, das heißt, dass es passt."

Hier griff ich ein. Und erklärte ihm unseren Sprachgebrauch wie folgt. Antwortet der Innviertler auf derartige Fragen mit „Passt", gibt es mehrere Möglichkeiten der Bedeutung:

A) Es passt tatsächlich, wäre aber nicht nötig gewesen zu fragen, du machst das schon.
B) Wird so nicht klappen, aber probier's mal, wirst schon sehen, was du davon hast.
C) Ich möchte das Gespräch gerne beenden.

Welche dieser drei Hauptmöglichkeiten vorliegt (es gibt nämlich noch diverse Unterarten), ist im Einzelfall über die Betonung, Körperhaltung und etwaigen Blickkontakt zu erspüren. Sollte das nicht auf Anhieb gelingen: So lange am lebenden Objekt üben, bis es passt!

Wie nach einem Exkurs üblich, kehren wir zurück, um den Onkel weiter zu beschreiben. Letztlich kennen wir ihn alle, diesen eigenen Schlag Menschen, wie er hier im Innviertel besonders gut gedeiht. Viele von uns haben oder hatten solche Onkel oder – es mögen auch Jüngere als der Autor unter den geneigten Lesern sein – solche Großväter. Wie eingangs schon erwähnt, kennen wir ihn als Arbeitskollegen, hier ist er uns als verlässlich und hilfsbereit in Erinnerung. Der Albert, wir werden ihm noch öfter in diesem Buch begegnen, kann dies bestätigen. Vor beider Pensionierung teilte er mit dem Onkel eine Werkbank und nach Feierabend einen Stammtisch. Auch darüber wird noch zu berichten sein.

Weiters werden wir den Onkel und die Seinen noch in verschiedensten Lebenslagen beobachten und uns dabei ein Bild über Umgangsform und Sprachgebrauch machen können. Und uns womöglich dabei erinnern, selbst schon einmal Bestandteil oder zumindest Zeuge derartiger Situationen gewesen zu sein.

Ich kann Ihnen nur raten, versuchen Sie einmal bei solchen Gelegenheiten, sich die Muße zu nehmen und genauer hinzuhören, die Feinheiten der Innviertler Kommunikationstechnik sind der näheren Betrachtung wert.

Über den Familienstand oder
Weast a deart an Schoos kenna

Trifft der Innviertler bei seinen Arzt- oder Marktbesuchen oder bei sonstigen gesellschaftlichen Anlässen auf ihm unbekannte Personen, bietet sich ihm die Möglichkeit – so man ins Gespräch kommt –, mit einem einfachen Wörtchen einfließen zu lassen, dass man über eine Ehefrau verfügt beziehungsweise zumindest in eheähnlichen Verhältnissen lebt. Es handelt sich hierbei um das Wörtchen „SIE". Ich habe den Onkel Franz bei diesen Gelegenheiten nie sagen gehört: „Wissen S', i bin jo verheirat und mei Frau hat gmoant …" Nein, ein einfaches „Dann hat SIE gsogt …" oder „dann hat DE MEINIGE gmoant …" genügt! So ist kurz und bündig klargestellt, dass man weder verwitwet noch alleinstehend ist, und das Gespräch kann ungestört seinen Fortgang nehmen.

Dieses „SIE" eignet sich übrigens hervorragend zur Abwälzung von Verantwortungen. Wird der Onkel Franz zum Beispiel gefragt, warum um Gottes willen er denn an einer Busreise nach Lourdes teilnimmt, wo doch zur selben Zeit der Stammtischausflug ins Münchner Hofbräuhaus anstünde, antwortet er wahrheitsgemäß: „No jo, woast, SIE buit s'es ei!"

Auch ist es dem Innviertler möglich, über die näheren Familienverhältnisse Personen zu beschreiben. Der Onkel Franz hat einmal versucht, mir einen mir völlig Unbekannten folgendermaßen näherzubringen:

„Da Schoos – sei Bruada hot lang bei da Post goabat – so a Schwoazglocklada – a freili, den kennst hundatmoi! Den de Seine is vo dem Haus do, woast, bei da schoafn Kurvn in Sankt Peda! Wo da Voda den kiazan Fuaß hot. A Schwesta hots a nu – de is Lehrarin – de is mitn Ding verheirat, woast eh, mitn … mitn Ding, den ma neile aufm Voiksfest gsegn hom; i glaub, an Opel foart a. Weast a deart an Schoos kenna!"

Wir suchen also einen Georg – Nachname unbekannt –, der über einen Bruder verfügt, welcher lange bei der österreichischen Post AG beschäftigt war, schwarzes, lockiges Haupthaar trägt, seinerseits wiederum mit einer Dame verheiratet ist, deren Elternhaus nahe einem starken Knick in der Ortsdurchfahrt der Gemeinde Sankt Peter steht. Über deren Vater – Name ebenfalls unbekannt – erfahren wir, dass er aufgrund einer angeborenen Behinderung oder einer Kriegsverletzung ein kürzeres Bein hat. Auch hat er eine zweite Tochter, Hauptberuf Lehrerin, deren Gatte einerseits auf einem Volksfest gesichtet wurde, andererseits wahrscheinlich einen Pkw der Marke Opel besitzt – „a sicher, den kennst hundatmoi!" – „A so, da Schoos, sogs hoit glei!"

Ich glaube, langsam wird klar, worauf hier abgezielt werden soll. Auf den Innviertler in seiner ach so komplizierten Einfachheit. Aber ist dies nur innviertlerisch oder letztlich global menschlich? Ich möchte das gern der Beurteilung der geneigten Leserschaft überlassen, die da selbst nicht zwingend Innviertler sein muss (ich hoffe auf landesweite Verbreitung dieses Werkes). Es handelt sich meiner Meinung nach vielmehr um den liebenswerten und in seiner Bedeutung oft unterschätzten Wesenszug des Eigensinns. In Zeiten, da Meinung ein Konsumgut geworden ist, das uns fast-food-ähnlich in handlichen Portionen zur beliebigen Weitergabe zur Verfügung gestellt wird, ohne vorher gekostet – will sagen: vom eigenen Intellekt überprüft – worden zu sein, kann es nicht schaden, mit einer gehörigen Portion Sturheit dem Mainstream ein paar Stromschnellen in den Weg zu legen. Und das tut er, der Onkel Franz, und zwar auf eine liebenswert enervierende Art. Oft reicht es schon, sich vermeintlich blöd zu stellen, um im Anschluss mit einem kurzen, in den Raum gestellten Satz die Absurdität seiner Vorredner zu entlarven. Und solches gilt es zu bewahren.

Nun reagiert der moderne Mensch bei Begriffen wie Tradition, dem Bewahren derselben und Ähnlichem oft etwas allergisch. Ein gewisses Beharren auf dem Erbe der Väter und deren regionaler Identität befinden wir schnell als zu altbacken und konservativ. Aber das denken wir lustigerweise ja immer nur bei uns selbst. Beim feurigen Spanier oder beim Italiener, der stilvoll dem dolce fa niente frönt, finden wir's durchaus bewundernswert. Oder sei's der Franzose, der eigene Sprache und Dialekt pflegt und kaum nicht in der Region Gediehenes zu sich nimmt. All diesen heimatverbundenen Eigenheiten zollen wir Respekt, wenn nicht gar Verehrung. Doch daheim im eigenen Biotop tun wir uns schwer, uns eigener Attribute bewusst zu werden und sie als das zu nehmen, wofür sie stehen – für einen hier gewachsenen und in seiner Prägung verhafteten Schlag Menschen. Und so einer ist der Onkel Franz, seinen Spuren wollen wir nun weiter folgen.

Stammtisch ist überall

Was den Torberg'schen Figuren ihr Kaffeehaus, ist dem Innviertler sein Stammtisch. Dort strebt er hin, wenn es gilt, sich vom Alltagsstress zu erholen, dort ist er Mensch, dort darf er sein. Sei's beim Kartenspiel, beim Diskutieren der nationalen und weltpolitischen Lage oder auch nur beim Genuss einiger Feierabendbiere.

Der Onkel Franz hat natürlich auch einen Stammtisch. Was sag' ich, einen? Er ist selbstverständlich gern gesehener Gast an mehreren Stammtischen der Umgebung. Man könnte natürlich auch sagen, jeder Stammtisch hat seinen Onkel Franz. Eine Person, die zwar nicht Alpha-Tier des Rudels ist, der aber dennoch eine gewisse übergeordnete Rolle zukommt. Einer, dessen Urteil anerkannt wird. Der, den die Kellnerin oder der Wirt anspricht, wenn man sich an alle wenden will. Und der aber trotzdem nicht der Rädelsführer der Gruppe ist. Das überlässt der Onkel gerne anderen. Dann hört er oft lange stumm zu und widmet sich seiner Essigwurst. Und wie er dabei mit dem Salzstangerl den Essig auftunkt, saugt er auch das von dem Redner Behauptete auf und unterzieht es einer internen Beurteilung. Und die gibt er dann ab. Kurz, knapp und pointiert. Meist auch kontrovers.

Weil was gibt es Schöneres am Stammtisch, als ein bisserl zu streiten. Sein Gegenüber etwas aufzuziehen, ein paar kleine Gräben aufzureißen. Und diese Disziplin beherrscht der Onkel Franz wie kein Zweiter.

Ins Kaffeehaus geht der Mensch – sagte Alfred Polgar –, wenn er allein sein will, aber dabei Gesellschaft braucht. Ähnliches trifft auf den Stammtisch zu. Nicht der Hunger oder der Durst allein treibt den Innviertler in die Wirtsstuben, er sucht vielmehr die Geselligkeit. Aber eine ohne Verpflichtungen. Und da kommt die besondere Struktur des Stammtisches ins Spiel. Er ist quasi exterritoriales Gebiet. Zwänge beruflicher oder familiärer Natur bleiben außerhalb. Und so darf man einfach nur sein. Und den anderen sein lassen. Somit kommt der Institution des Stammtisches große psychosoziale Bedeutung zu. Die Tafelrunden verschiedener mehr oder weniger geheimer Bünde erfüllen letztlich ähnlichen Zweck. Auch der Stammtisch ist eine Bruderschaft. Hier gibt es ebenfalls Rituale, Initiationsriten und sonderbare Bräuche und Sprüche. Und nicht selten wird beim Kartenspielen gesammeltes Geld karitativen Zwecken zugeführt.

Sie sehen schon, lieber Leser, hier sitzen nicht nur einige Innviertler zufällig am selben Tisch in irgendeinem Wirtshaus, um ein oder zwei Biere zu trinken. Hier geht es um mehr. Und mir persönlich geht es vor allem darum, auf die Erhaltungswürdigkeit solcher Traditionen hinzuweisen. Einerseits, um das heutzutage viel zitierte Wirtshaussterben hintanzuhalten, andererseits, um der Gefahr des digitalen Autismus eine analoge Alternative entgegenzustellen. Facebook, Twitter und Co. sind das eine, das gute, alte Face-to-Face ein anderes und, wie ich glaube, langfristig ein Besseres.

Was nicht heißt, dass am Stammtisch immer alles eitle Wonne ist, im Gegenteil. Es menschelt halt sehr. Und so bedient man sich – mit regionalen Abweichungen – bestimmter verbaler Taktiken, über die in diesem Buch noch des Öfteren zu berichten sein wird. Wie auch im Folgenden.

Rufmord im Konjunktiv

Der Onkel Franz ist an sich ein umgänglicher Mensch. Trotzdem kann es vorkommen, dass er jemanden nicht mag. So geschehen beim Ehepaar – nennen wir es Maier –, das – warum auch immer – so gar nicht in seiner Gunst stand. „I mecht ja nix gsogt hom", begann er dann immer, wenn es darum ging, die Maiers verbal zu vernichten, „oba woast, er gangat ja – oba sie!" Soll heißen, SIE geht auf gar keinen Fall! ER wiederum „gangat ja", was nach meinem grammatikalischen Verständnis eigentlich nur heißen kann, dass ER genauso wenig geht. Um den Herrn Maier nun endgültig gesellschaftlich unmöglich zu machen, bedient sich der Onkel der beliebten Redewendung: „So hätt er ja nix Bös!" Er hätte also nichts Negatives an sich, wären da nicht seine vielen schlechten Eigenschaften. „So kunnst ja ois von eam hom!" Könnte man – würde man wollen –, will man aber nicht!

„Mechat, gangat, hätt und kunnst" – also möchte, ginge, hätte und könnte – der Konjunktiv. Im Innviertel, denke ich, ist der Konjunktiv die Unmöglichkeitsform!

Dieser Unmöglichkeitsform bedient sich der Onkel Franz auch gerne, wenn er mit Themen konfrontiert wird, die ihn entweder gar nicht interessieren oder deren Erledigung er am liebsten auf den Jüngsten Tag verschieben möchte. „Do miassat ma amoi redn!" oder „Da redn ma nu", sagt er dann. Ähnlich in der Bedeutung ist es auch, wenn der Personalchef einem am Ende eines Vorstellungsgespräches die Hand reicht mit den Worten „Sie hören von uns" oder „Wir melden uns bei Ihnen".

Niemand meldet sich, nichts hören wir. Genauso wenig wie der Onkel Franz gewillt ist, jemals über das missliebige Thema zu sprechen. „Oba do miassat ma nu amoi drüber redn!"

Die vorangegangenen Beispiele Innviertler Sprachregelungen sollen nicht die letzten gewesen sein, weitere werden folgen. Auch sollten an dieser Stelle noch keine voreiligen Schlüsse über den Charakter des Onkels oder seinesgleichen gezogen werden, noch unzählige Facetten sind hinzuzufügen. In folgender Geschichte wird speziell der Heimatort meiner Großeltern väterlicherseits beschrieben, so oder so ähnlich kann man sich aber auch das Biotop vorstellen, das den Onkel hervorgebracht und geformt hat.

Kulinarisches Zwischenspiel

Unweit meiner Geburtsstätte liegt das kleine Innviertler Dorf, in dem das Elternhaus meines Vaters steht. Unter „klein" verstehen wir im Innviertel eine Ansammlung von Wohnhäusern, die sich um eine – meist erhöht stehende – Kirche scharen. Sodann hat es zwei Wirtshäuser, die sich folgendermaßen unterscheiden. Der „obere Wirt" beziehungsweise „Kirchenwirt" steht, wie der Name schon sagt, oben neben der Kirche. Seine Stammkundschaft rekrutiert sich hauptsächlich aus der ansässigen, katholischen Bauernschaft. Der „untere Wirt", Sie ahnen es schon, liegt auf geringerer Seehöhe als sein Gegenstück und bildet das Zentrum der örtlichen Geschäftswelt. Dieses besteht aus einer dem Wirtshaus angeschlossenen Fleischhauerei, genannt „Fleischbeng", also Fleischbank (warum auch immer), einem Postamt, genannt „Wähleramt" (hier saß früher das Postfräulein und stöpselte die wenigen im Dorf vorhandenen Fernsprecher zusammen), und einem Kaufhaus. In dem pflegte meine Großmutter immer mein Weihnachtsgeschenk zu kaufen.

Es bestand – jedes Jahr – aus einer Riesentafel Milka-Schokolade (Weihnachtssonderedition) und einer Bubenunterwäschegarnitur der Marke „Huber Trikot". Weiß mit farbigen Einfassungen und ebensolchem Hahnentrittmuster. Da ich mich jedes Jahr – wie mir aufgetragen – darüber sehr freute, bekam ich auch jedes Jahr dasselbe. Lediglich die farblichen Applikationen der Dessous wechselten. Ich besitze sie noch heute in Blau, Rot, Gelb (einmal sogar – die Oma war schon sehr alt – in Rosa), in jeder erdenklichen Farbe. Und wäre ich diesen Schmuckstücken nicht längst entwachsen, ich würde sie noch heute gerne tragen.

Doch ich entwuchs ihnen sehr schnell. Dafür sorgten die Bewirtungskünste der Oma. Unsere Besuche bei den Großeltern gestalteten sich nämlich wie folgt: Nachdem wir aus taktischen Überlegungen das Frühstück ausfallen ließen, machten wir uns auf den Weg. Gegen elf Uhr vormittags angekommen, begrüßten wir artig Großeltern, Tanten, Onkel und Cousinen, um uns sogleich an den verlängerten Küchentisch zu setzen. „Setzts eich hie, jetzt gibts wos z'essn!", sagte die Oma und trug auf. „A Gansl gibts, und fia de, de's ned megn, hob i a Bratl dazua gmocht." Nach dem Genuss der bereits sättigenden echten Rindssuppe mit Nudeln, Rindfleisch und Karotten (münzgroße Fettaugen zeugten von der Echtheit der Suppe) machten wir uns also über den Hauptgang her: Gänsekeulen, gebratenes Bauchfleisch, Surfleisch, der Vollständigkeit halber einige Koteletts, begleitet von Krautsalat, Kartoffeln, Knödeln (wegen des Bratls), Blaukraut und Kroketten (wegen der Gans), Sauerkraut (wegen der Koteletts) und etlichen Grillwürsteln („Fois se d'Kinder nix findn!"). Nachdem wir all diese Köstlichkeiten verdrückt hatten und mehrmals von der Oma getadelt wurden – „Schmeckts eich leicht ned? Es hobts ja gor nix gessn! Geh, nimm da nu a Wiaschtl, Bua!" –, durften wir uns erheben.

Mit dem Gefühl, nie wieder etwas essen zu können, schleppten wir uns in das sogenannte „untere Wohnzimmer". Es gab also auch ein im ersten Stock gelegenes „oberes Wohnzimmer", das jedoch nicht benutzt wurde. Dort waren in zahlreichen Vitrinen sorgsam mit Haarspray konservierte Brautsträuße, Hochzeitstorten und besonders prächtige Schokoladenikoläuse ausgestellt. „Vui z'schod zun Essn!", pflegte die Oma zu sagen. Aber zurück zum „unteren Wohnzimmer". Dort ließen wir uns in die Couchgarnitur fallen und gedachten, uns der Verdauung hinzugeben. Doch die Großmutter war schneller. „Jetzt gibts an Kaffee!"

Der geflieste Wohnzimmertisch wurde etwas höher gekurbelt und mit „a weng wos zun Kaffee dazua" bestückt. Gugelhupf in Marmoriert und Unifarben, Cremetorte (sehr viel Creme, sehr wenig Torte), diverse Fruchtschnitten, natürlich alles aus eigener Produktion und alles andere als diabetikergeeignet. „Und fia d'Kinder hob i nu a Eis – da Schlog kummt glei!", sagte die Oma und legte uns vor. „Geh, den muasst a nu probiern – schmeckts eich leicht ned?" Tapfer bewiesen wir ihr, dass es uns schmeckte.

Alsdann wurde abgeräumt und der Fernseher angemacht. Skispringen, Formel-1 oder ein früher Hans-Moser-Film. Kaum war das Fernsehgerät warmgelaufen, kam die Oma aus der Küche zurück und fragte: „Wer mog a Bier zur Jausn?" Zur „Jausn" sei nur bemerkt, dass die örtliche Fleischhauerei von einem meiner hiesigen Onkel geleitet wurde. „De Koibsbrotwiaschtln hot da Hansi soiba gmocht, gons wos Feins!" Tapfer aß ich zwei, drei Paar (natürlich mit Sauerkraut) und kostete auch von den fünfzehn Sorten Festtagsaufschnitt je ein Blatt.

Gurkerl, Zwieberl, Bauernbrot – gekochte Eier („Megts an Most?") – Erdäpfelkäs und Wurstsalat – und die Oma rennt und rennt, bringt „nu an Radi" („Brauchts an Senf?"). – „Da Leberkäs is a glei ferti!"

„Puh! Oma … i kann nimma!" – „Geh, Bua, schmeckts da leicht ned?"

Keine Frage, Essen spielt eine zentrale Rolle im Innviertel. Man lebt eben gern, und da ist das Lebensmittel etwas, dem besondere Bedeutung zukommt. Frisch muss es sein, möglichst aus der Region sollte es stammen und Zeit, es in Ruhe zu genießen, muss vorhanden sein. Ein Feinspitz ist er so gesehen nicht, der Onkel Franz, jedoch ein Genießer. Ein Genießer der Gemütlichkeit und Gastlichkeit des Innviertels, seiner Heimat. Kulinarisch sehr wohl verwöhnt, und zwar von seiner Frau, der Tante. Niemals hätte sie es gewagt, ihm eine Packerlsoß' vorzusetzen (heute sagt man wohl „Convenience"). Auch die berühmte Flasche Maggi, die da und dort noch so manchen Wirtshaustisch ziert, sucht man vergeblich in den Küchenkasteln der Tante. Und glauben Sie mir, liebe Leser, wenn Sie einmal die Kochkünste einer gestandenen Innviertler Hausfrau genossen haben – ihr Gulasch, ihre Krautfleckerl, die Rindsrouladen –, dann tut sich so manches Gasthaus oder Restaurant schwer, Ihren Ansprüchen zu genügen.

Gleichsam als Kontrast zu Ländlich-Bodenständigem wollen wir in folgender Geschichte nun kurz einen Blick auf urbanere Seiten des Innviertels werfen.

Ascot im Innviertel

Bevor der Onkel Franz pensioniert wurde, setzte er sich jeden Tag nach Dienstschluss auf sein Fahrrad und begab sich auf den Nachhauseweg. Die Tante hatte – wie jeden Tag – schon das Nachtmahl bereitet und eine halbe Flasche Bier eingekühlt. Dummerweise befand sich zwischen des Onkels Arbeitsstätte und seinem Haus ein äußerst gemütliches Wirtshaus nebst Gastgarten. „Auf a Hoibe bleibma nu steh, ha, Albert?", pflegte der Onkel dann auch täglich einen seiner Kollegen zu fragen. „A sowieso!", sagte dann der Albert immer, wohl wissend, dass es noch nie bei „oana Hoibn" geblieben war. So ist das halt im Innviertel, man kehrt noch schnell ein, trifft etliche Gleichgesinnte, bleibt „picken", das heimatliche Nachtmahl lässt man unberührt, die Tante schimpft – aber was soll's. Das ist eben das Vorrecht der Innviertler Männer.

Oder, besser gesagt, so war es. In manchen Ballungszentren unseres Landesteiles, wo die Einwohnerzahl die Zehntausend überschritten hat, nehmen sich nun auch schon die Frauen diese Frechheiten heraus. Einige von ihnen – ebenfalls schon berufstätig oder gar selbstständig (man beziehungsweise frau führt eine kleine Boutique oder ein Einrichtungsgeschäft) – finden auch gar beschwerlich nach getaner Arbeit den Weg in den heimatlichen Hafen. Nur heißt es hier nicht Stammtisch und Wirtshaus, sondern „After-Work-Meeting" und man geht zum örtlichen Modeitaliener. Auch genügt hier nicht – wie bei den Männern – die alltägliche Arbeitsbekleidung, nein, die Damen sind sich durchaus bewusst, was sie ihrer Umwelt optisch schuldig sind!

Bewaffnet mit dekorativen Handtaschen, der neuesten Schuhmode und ebensolcher Bekleidung, streben sie der Eisdiele „La Dolce Vita" zu. Manche von ihnen wurden sogar schon mit Hut gesichtet, was den Titel „Ascot im Innviertel" erklärt. Man beschränkt sich auch nicht – wie der genügsamere Mann mit Bier und Breze – auf traditionell Innviertlerisches, nein, man gibt sich mediterran.

„Geh, Tschovanni, bring uns dert drei Prosecco, und fia mi den guatn Tschianti, woast eh, den i oiwei hob!" Alsdann widmet man seine Aufmerksamkeit – wie in besagtem Ascot – der Rennbahn. „No, host sie gsegn, wos' scho wida ohot, pfiatigott! Und er, wira wida bled schaut!" Es wird in Handtaschen gekramt, Handys ein- und wieder ausgeschaltet, der Lippenstift nachgezogen und ein Tiramisu geordert. „Jetzt muass i oba schau, dass i weidakim, da Meine werd scho spinna!", lässt sich nun die Dame mit Hut vernehmen. „Geh weida, oa Achtl wearst scho nu megn!" Giovanni, der sein Geschäft versteht, bringt die verlangte Runde Rotwein und für jede der Damen einen Magenbitter auf Kosten des Hauses. Dermaßen enthemmt, nimmt das Gespräch seinen Fortgang und der zufällige Zuhörer wird feststellen, dass die Innviertler Frau ihrem männlichen Gegenstück verbal durchaus das Wasser reichen kann.

„Dann hot sie gsogt, er hätt gsogt, dass i gsogt hätt – a Schnapsal gangat scho nu, ha? – Stoi da vor, sie mit eahm, dass i ned lach! – Na servas, scho wida zehne vurbei! – Der da drübn kunnt ma scho gfoin! – An Hintern wia a Postross, oba an Minirock ohobn! – Den Prosecco kunnt i a so herdringa. – De Huabarin kummt se oba a sauba guat vur! – Der Busn is a ned echt – na, heit gschpia is oba sauber!"

Und so wartet der Innviertler Mann vergeblich zu Hause darauf, dass seine geliebte Gattin von der Arbeit zurückkehrt. Es sei denn, er sitzt traditionellerweise auch im Wirtshaus …

Nun, da wir uns gerade im Urbanen aufhalten, sei – stellvertretend für ihre Spezies – eine hiesige Bürgersfamilie vorgestellt. Weil deren Beschreibung nicht immer schmeichelhaft ausfallen wird und etliche der Herrschaften noch unter uns weilen, erlaube ich mir, Vor- wie Zunamen, Profession oder Wohnort nach Belieben zu ändern. Dies sei nur dem ortskundigen Leser gesagt, der vielleicht die Identität der Protagonisten zu ergründen sucht. Vermeintliche Indizien sind von mir willkürlich aus verschiedenen Familien gleicher Prägung zusammengewürfelt, versuchen Sie's also erst gar nicht.

Wie haben wir sie uns vorzustellen, die Familie – nennen wir sie Haubinger. Die Haubingers besitzen ein imposantes Stadtplatzhaus in einer der Bezirkshauptstädte, in dessen Parterre sie ein – sagen wir Papier- und Schreibwarengeschäft betreiben. Und nicht nur schnöde Schulhefte oder Bürojournale werden hier vertrieben, nein. Feinste Füllfederhalter nobler Marken, in Leder gebundene Notizbücher mit auf Wunsch eingeprägten Initialen, Briefbeschwerer aus edlem Marmor oder Bernstein,

Brieföffner in Dolchform und Ähnliches mehr kann Mann oder Frau von Welt beim Haubinger erwerben. Die oberen Stockwerke des Palais teilen sich wie folgt auf: Im ersten Stock befinden sich Lager, Büro und Gefolgschaftsraum. Man verfügt nämlich über eine stattliche Anzahl an Personal. Im zweiten Stock liegen die privaten Gemächer: Salon, Esszimmer, Küche und kleiner Salon. Im dritten Stock dann die Schlafzimmer von Gerold und Irma Haubinger und der drei Kinder. Im obersten Geschoß schließlich residiert Gerold Haubingers Mutter, Witwe des Firmengründers. Bei Bedarf könnte die schon sehr betagte Dame den eigens eingebauten Treppenlift benutzen, sie geht aber schon lange nicht mehr aus dem Haus. Auch ihre Etage soll sie Jahre nicht mehr verlassen haben.

Wir wenden uns für die folgende Geschichte jedoch dem anderen Ende der Ahnenreihe zu, dem jüngsten Spross der Haubingers, Konrad mit Vornamen und zum Zeitpunkt der Handlung sechs Jahre alt. Und der kleine Konrad steht nun auf dem Tisch im kleinen Salon. Da seine Einschulung naht, hat man beschlossen, dem Knaben seinen ersten Trachtenjanker anmessen zu lassen. Zu diesem Zweck wurde ein Schneider ins Haus geholt und Besuch dieser Art empfing man eben im kleinen Salon. Man stellte also den jungen Herrn auf den Kartentisch, sodass der Schneidermeister die Maße abnehmen konnte. Klein Konrad ließ dies nur äußerst widerwillig über sich ergehen und begann denn auch nach einer Viertelstunde zu quengeln. „Oba!", rief er im Fünfsekundentakt aus, er wollte runter vom Tisch. Nun wurde aber im Hause Haubinger eine allzu breite Mundart abgelehnt, man sprach gewählter. Ein bisserl Schönbrunn, ein bisserl Salzburg oder Ischl, so hörte man sich selbst am liebsten und erzog auch den Nachwuchs in dieser Tradition. „Oba!", jammerte Konrad wieder und das konnte der gestrenge Vater vor dem Schneider nicht dulden. Dieser war ja immerhin Handwerksmeister und Gewerbetreibender und somit den Haubingers beinahe gleichgestellt. „Nein!", sprach er also, „nein, Konradi, schön sprechen, wie sagt man?" – „Mecht oba!", antwortete der Knabe. „Schön sprechen, hab ich gsagt, wie heißts?" – „Bitte mecht oba!", verbesserte sich der Bub. Darauf wieder der Vater, schon etwas erzürnt: „Nein, nein, nein. Reiß dich z'sammen, Bub. Wie sagt man schön?" Nun hatte das Kind verstanden und sprach: „Bitte, ich möchte herunter!" Sichtlich zufrieden mit dem Gesagten und dem Erfolg seiner Disziplinierungsmaßnahme, lobte Diplomkaufmann Gerold Haubinger: „Genau, Konradi, so heißts schön, so is' brav. Jetzt dearfst oba!"

Nach diesem erhellenden Ausflug in die großstädtischen Anwandlungen mancher Bewohner unseres Landesteiles wollen wir nun wieder in Althergebrachtem der Seele des Innviertels nachspüren. Den Haubingers und ihresgleichen werden wir im Laufe des Buches vielleicht noch begegnen, nun kehren wir jedoch zurück in den bereits beschriebenen kleinen Ort, in dem mein Vater aufwuchs.

Familiäres

Ich schreibe diese Zeilen kurz nach Allerheiligen. Der alljährliche Besuch im Herkunftsort meines Vaters, wo seine Eltern ihre letzte Ruhestätte haben, liegt gerade wieder hinter uns. Auf einem Hügel am Rande des Dorfes unweit des Friedhofs findet sich das Haus, in dem sich zu Lebzeiten meiner Großeltern das einige Seiten zuvor beschriebene „kulinarische Zwischenspiel" zutrug. Die Rolle meiner Oma hat nun nahtlos meine Tante übernommen und versteht es, uns nach dem Friedhofsbesuch ähnlich zu mästen wie damals ihre Mutter. Kalbsbratwürstel mit Sauerkraut (diesmal fanden sich sogar ein paar Speck- und Grammelknödel im Kraut versteckt) werden traditionell jedes Jahr aufgetischt und jedes Jahr werde ich getadelt – „Schmeckts da leicht ned?" –, wenn ich nach vier Paar Würsteln schon ans Aufhören denke.

Es ist nach wie vor ein Generationenhaus. Zwei meiner Cousinen leben hier, eine davon bereits mit Mann und zwei Kindern. Von der anderen wird im Anschluss noch zu berichten sein. Nach umfangreichen Renovierungsarbeiten gibt es auch heute noch ein oberes und ein unteres Wohnzimmer, nun auch eine obere und eine untere Küche. Und auch heute noch wird hauptsächlich das untere Ensemble genutzt.

Aus dieser hauptgenutzten unteren Küche gesellte sich – das letzte von unzähligen Würsteln war gebraten, alle waren satt – meine Tante zu uns. Genauso wie früher die Oma aß sie nicht mit, sondern nach uns. Nachdem sie mich zu einem fünften Paar Kalbsbratwürstel überreden konnte (man darf die Frau doch nicht allein essen lassen), erzählte sie einige Geschichten von früher. Und sie autorisierte mich nicht nur, sondern trug mir sogar ausdrücklich auf, darüber zu schreiben. Was ich hiermit tue.

„Er is hoid scho recht gern ins Wirtshaus gonga, da Papa", begann sie ihre Schilderungen. „Mei, und er hat hoid an Wein nachn Durscht trunga, weil er ’s Bier ned recht vertragn hat. Und da is hoid scho amoi a Liter z’omkemma." Hauptsächlich wurde der untere Wirt besucht, da meine Großeltern, bevor vorhin erwähntes Haus gebaut wurde, über dem gegenüberliegenden Postamt wohnten. „Mei, und dös Stückerl über d’Straß umma, da hat a leicht hoamgfundn."

Die Oma hat’s geduldet, ab und zu hat’s geschimpft, war halt so. Nun begab es sich, dass der Opa eine Zeit Strohwitwer war. Die Oma war in Ried im Krankenhaus („zweng an Unterleib", wie mir berichtet wurde). Und auch der untere Wirt stand nicht zur Verfügung, hatte eine Woche wegen Urlaubs geschlossen. So begab es sich, dass der Opa unüblicherweise den oberen Wirt aufsuchen musste. Nicht, dass er dort nicht gerne gesehen war, aber halt recht selten („Aha, lasst di a wieder amoi oschaun!"). Und aufgrund der Tatsache, dass zu Hause keine Ehefrau auf ihn wartete – somit auch nicht mit ihm schimpfen konnte –, wurde es ein sehr ausgedehnter Wirtshausbesuch. Vielleicht vertrug der Opa ja auch den Wein vom oberen Wirt ähnlich schlecht wie sonst das Bier, vielleicht war’s auch die ungewohnte Höhenluft. Auf jeden Fall musste irgendwann zu Hause antelefoniert werden, man möge den Karl abholen, „er kimmt nimma über d'Fiaß". Er komme nicht mehr über seine Füße, respektive dieselben nicht mehr unter ihn. Will heißen, er wäre nicht mehr in der Lage, den Heimweg selbstständig zu bewältigen. So wurde er mit vereinten familiären Kräften den Berg hinunter, in den ersten Stock hinauf und auf den Diwan verfrachtet.

Damit wäre diese Episode zu Ende. Hätte es nicht eine halbe Stunde später an der Tür geklopft. Man öffnete und draußen stand der Herr Pfarrer in voller Adjustierung. Man habe ihn gerufen, der Herr Postoberoffizial wäre einzusegnen, es ginge zu Ende. Bis heute ist nicht überliefert, wer den Herrn Pfarrer mit diesem Auftrag ausgeschickt hatte, ob's ein blöder Scherz oder einfach nur Boshaftigkeit war. Nur eines war klar: Die Oma darf es nie erfahren! Beim nächsten Krankenhausbesuch durch meine Tante – die Oma war schon wieder halbwegs wohlauf – wurde auf die übliche Frage „Dahoam passt ois? Mit'm Papa a?" wie üblich geantwortet: „Jojo, ois in Urdnung." Und dann ging es los. Die Buschtrommeln waren natürlich schneller gewesen und die Oma bestens informiert. „Hobs scho gheart, dass da Pfarrer do woa!" Das hatte wohl auch der Opa geahnt und – berufliche Verhinderung vorschützend – seine Tochter allein vorgeschickt. Und das Kalkül ging auch auf. Meine arme Tante bekam den größten Teil von Omas Unmut ab.

Ein Bild wäre noch nachzuzeichnen. Und zwar das des Opas, wie er große Teile des Sonntags verbrachte. Am Samstagabend wurde traditionell das Wirtshaus besucht, sodass man anderntags etwas rekonvaleszent war. Diese Phase verbrachte er auf dem Stubensofa. Auf dem Rücken liegend, lang ausgestreckt, die Zeitung zeltartig über dem Gesicht. Auf dem Dach dieses Zeitungszeltes spazierte der Kanarienvogel des Hauses herum, der sonntags immer Freigang beziehungsweise -flug hatte. Auf den Füßen des Großvaters – gleichsam als Gegenstück – die Katze, zusammengerollt und laut schnurrend. Eine Heilmethode, beinahe an Schamanismus gemahnend, die immer ihre Dienste tat.

Diese Angewohnheit des Großvaters besserte übrigens erheblich das spärliche Taschengeld meiner älteren Cousine auf. Der Opa bewahrte nämlich sein Münzgeld in der linken vorderen Hosentasche auf. Am Sonntag rutschte dasselbe immer heraus und schlüpfte in die Sofaritze. Dort musste es meine findige Cousine dann nur noch allwöchentlich abernten.

Falls mein Opa übrigens einmal wirklich kränkelte und das Bett oder Stubensofa hüten musste, brauchte in diesem Fall nicht aktiv der Arzt gerufen werden. Mehrmals die Woche war Tarockabend und der örtliche Gemeindearzt war prominentes Mitglied dieser Runde. Blieb also der Großvater krankheitshalber dem Kartenspiel fern, begab sich der Herr Doktor vom unteren Wirt über die Straße und warf so lange Kieselsteine an das Fenster über dem Postamt, bis meine Oma oder deren Tochter es öffnete. „Wo isn da Karl, der soi zun Tarockiern kemma!", rief der Arzt hinauf. „Na, der kann heit ned, dem gehts aso schlecht, der is wirkli krank!", bekam er zur Antwort. Worauf der Mediziner, der seine Tasche immer dabeihatte, kurzerhand einen Hausbesuch machte, meinen Opa unter der Androhung einer Spritze und dem Versprechen, zwei Viertel zu spendieren, schnellstens kurierte und auf der Stelle zum Wirt mitnahm.

Wie zuvor schon angedeutet, war mein Großvater bei der Post beschäftigt. Er arbeitete als Landbriefträger, und zwar mit einem ausgedehnten Rayon. Rund um die wenigen Wohnhäuser im Ort waren verstreut viele Bauernhöfe und -sacherl zu besuchen und dies gestaltete sich höchst beschwerlich, da die Gegend sehr hügelig ist. Zu Fuß kaum zu bewältigen, aber auch mit dem Fahrrad sehr zeit- und kräfteraubend. So erwarb mein Opa eines Tages eine ramponierte 250er-Puch, reparierte sie selbst und benutzte das Privatmotorrad von da an auch beruflich. Sehr zur Freude seiner Klienten, da die Post nun viel früher und schneller ankam. Die gewonnene Zeit ermöglichte es, dort und da ein bisserl zum Plaudern zu verweilen und vielleicht ein Achterl oder Stamperl dazu. Wer sich nicht erfreut zeigte, war der zuständige Postenkommandant der Gendarmerie. Mein Opa besaß nämlich nicht die erforderliche Fahrerlaubnis und fand das auch vollkommen in Ordnung so. Man brachte schließlich die Post, war selbst Amtsperson! Solche Nebensächlichkeiten wie ein Führerschein wären da wohl vernachlässigbar.

Der Postenkommandant wiederum bestand auf seiner Auffassung und Zuständigkeit. Bei immer wiederkehrenden Gelegenheiten (meist im Wirtshaus) versuchte er auf meinen Opa einzuwirken: „Schau, Karl, des geht so ned! Du konnst ned ohne Firaschein umadumreitn, des is vabotn, des guit a fia di!" – „Des is mir wurscht", pflegte dieser dann meist zu antworten, „des werd schon ned so genau geh! Außerdem hob i eh d'Uniform o!"

Wenn es der Herr Gendarm am Anfang noch eher im Guten versucht hatte, im Laufe der Zeit wurde der Ton rauer. Und zwar auf beiden Seiten. Die Streitgespräche – mit diversen Kosenamen gewürzt – der zwei Uniformierten sind legendär im Bezirk Ried. Letztlich ist aber nie etwas rausgekommen dabei. Wenn der Postenkommandant die Gangart verschärfte, drohte, obere Instanzen einzuschalten, brachte ihm mein Opa einfach drei Wochen seine Post nicht. Den Führerschein hat er übrigens nie gemacht.

Nachzureichen wäre noch eine kleine Episode um meine jüngste Cousine. Sie war damals im Puppenspielalter, wohl so um die sechs Jahre. Wir saßen alle im Garten, es war ein sehr mildes Allerheiligen. Meine liebe Cousine spielte mit ihrer Puppe, dem Teddybären und dem Kasperl gerade Tea-Party. An sich sprach man hier über alle Generationen den ortsüblichen Dialekt. Mir persönlich gefällt das, so wird eine gewisse Tradition erhalten. Auch bestimmte Ausdrücke bleiben dadurch am Leben. Als Beispiel: Gelsen sind „Goissn", Wespen sind „Woissn" und mancherorts hört man auch noch für Bienen den Begriff „Bevögin" (B-Vögel?).

Wie gesagt, es wurde am Puppentisch virtuell Tee und Gebäck gereicht und dabei (jeder, der Kinder in diesem Alter hat, kennt das) selbstverständlich gefühltes Hochdeutsch gesprochen: „Oh, Freilein Mimi, mechten Sie auch noch einen Tee? Und Sie, Herr Bär, wöllten Sie einen Torten?" Vielleicht von den ausgelobten Süßspeisen angelockt, schwirrte plötzlich eine Wespe über der Tee-Gesellschaft und störte den Serviervorgang. Worauf mein Cousinchen – weil eben noch im Hochdeutsch-Modus – laut ausrief: „Oh, eine Wolse!"

Die vorhin schon zu Wort gekommene Oma hat zur Familiengeschichte noch ein weiteres Kabinettstück beizutragen. Von eher kleinem Wuchs und leicht südländischem Aussehen, das ihr vor allem das beinahe schwarze Haar verlieh, ist sie mir optisch stark in Erinnerung. Ebenso unvergesslich ist eines ihrer Markenzeichen. Es handelte sich dabei um einen funkelnden Goldzahn, auf den sie besonders stolz war. Ohnehin gut sichtbar, weil relativ weit vorne (ich glaube, es war der Vierer rechts oben), hatte die Großmutter die Angewohnheit, an ebendieser Stelle die Lippe ab und an etwas zu heben, um das Prachtstück aufblitzen zu lassen.

Wie schon gesagt, sie war sehr stolz auf den Mundschmuck, weil damit ein gewisser Wohlstand zu zeigen war.

Nun brachte es jedoch im Laufe der Jahre sozusagen der Zahn der Zeit mit sich, dass das Kauwerkzeug der Oma immer schlechter wurde und irgendwann eine Vollprothese unausweichlich schien. Sie fügte sich in dieses Schicksal und ließ sich selbige anfertigen. Allerdings bestand sie darauf, dass auch beim künstlichen Gebiss der geliebte Goldzahn an angestammter Stelle eingearbeitet würde. Und so geschah es. Nun konnte die Großmutter wie gewohnt ihr Goldstück wieder funkeln lassen. Und eine weitere Angewohnheit kam hinzu. Nämlich die, nach beendeter Mahlzeit (selbstverständlich nur zu Hause im familiären Kreis) noch bei Tisch die Zähne herauszunehmen. So ließen sich lästige Speisereste leichter vom Gaumen entfernen. Durch ausgiebiges „Zuzeln" wurde dies in aller Ruhe erledigt, wobei, wie ich mich erinnern kann, die Nasenspitze lustig wackelte. Die Prothese selbst wurde einstweilen in der Schürzentasche versorgt oder anderswo abgelegt. Nach Beendigung der Reinigungsarbeiten – die durchaus längere Zeit in Anspruch nehmen konnten – wurde das gute Stück wieder eingesetzt.

Eines Tages jedoch – die Oma war gerade fertig mit ihrer Gesichtsgymnastik – war der Beißbehelf unauffindbar. Sie fasste mehrmals in sämtliche Taschen ihrer geblümten Kleiderschürze und tastete sie zudem wieder und wieder von außen ab. Unstet schweifte ihr Blick über Esstisch und Kommode, Fernsehkastl und Fensterbretter. „Des gibts jo ned, wo han den iatzt meine Zähnt? Geh, schauts hoid a a weng!" Aber sie blieben verschwunden. Bis man die Suche auf die Küche ausdehnte. Der Esstisch war nämlich schon des Längeren abgeräumt und der Verdacht lag nahe, dass auf diesem Wege die abgelegte Prothese den Raum verlassen hatte. Doch eine erste Suche auf diversen Tellern und Platten verlief ergebnislos. Nachzureichen wäre die Tatsache, dass es an besagtem Tage Hühnchen gab. Und dass der Haushalt noch über einen sogenannten Schiff-Ofen verfügte. Dieser wurde mit Holz und Kohle befeuert und war mit Herdplatte und Backrohr gleichzeitig Kochstelle und Heizung. In dem Wasserschiff – ein eingelassener Behälter, der dem Ofen den Namen gab – stand zudem immer Heißwasser zur Verfügung. Und da Mülltrennung damals noch nicht so sehr ein Thema war, war es auch üblich, etliche Reste über das Ofentürl zu entsorgen. Nun, liebe Leser – Sie ahnen es sicher schon –, Schreckliches war passiert. Die Großmutter hatte an besagtem Tage wohl ihr Gebiss auf dem „Boandlteller" abgelegt. Diese „Boandl" – die Hühnerknochen – wiederum waren wie gewohnt den Flammen überantwortet worden. Und ebendort wurde man fündig. Allerdings – wer Öfen dieser Bauart noch kennt, wird mir zustimmen – bestand keine Hoffnung mehr. Die extreme Hitze hatte bereits alles getilgt. Lediglich ein kleines, deformiertes Klümpchen Gold blitzte aus der Asche und wurde mithilfe des Schürhakens hervorgeholt.

Nach diesem kleinen Ausflug in des Autors Familiengeschichte väterlicherseits wenden wir uns wieder der Titelfigur zu.

Von den bereits angekündigten Facetten zur Person des Onkels möchte ich an dieser Stelle – bevor wir andere beschreibenswerte Charaktere vor den Vorhang holen – eine weitere anführen. Ein Auto beispielsweise hat er nie gehabt, der Onkel Franz. Er ist immer ausgekommen mit seinem Puch-Einsitzer, genannt „Hehnastauba" (das Knattern des Zweitakters war bestens dazu geeignet, friedlich pickende Hühner aufzuschrecken, zu „verstauben"). Lange nach Einführung der Helmpflicht konnte man ihn noch damit beobachten, den Onkel, mit Hut auf dem Kopf und lederner Tasche auf dem Packelträger, nach Braunau reitend, zum Markt oder zum Stammtisch. Hat ihm immer gereicht, seine Maurersachs, wie das Gefährt auch genannt wurde. Obwohl, früher, noch vor seiner Heirat, hat er auch eine 250er gehabt, ein richtiges Motorrad. Die hat ihm die Tante dann aber verboten. Und ebendiese Tante, seine Frau, ist es, die ihn, seit ich denken kann, begleitet. Ihm sein Lieblingsessen kocht, das Haus gemütlich hält und schaut, dass der Onkel immer ordentlich angezogen ist. Ihm seine Kleidung wäscht, flickt, zurechtlegt oder – wenn so manch lieb gewordenes Stück durch jahrzehntelangen Gebrauch unansehnlich geworden ist – wegnimmt. So kann man ihn sich ungefähr vorstellen, den Onkel Franz. Seine Person, seine Persönlichkeit ist lokale Zeitgeschichte. Und nicht nur er, auch andere sollen wie versprochen mitwirken am Bild, das ich hier zu zeichnen versuche.

Von Wirten, Gästen und anderen Käuzen

In diesem Kapitel sei berichtet von Begebenheiten in verschiedenen Innviertler Wirts- und Kaffeehäusern, die mir in Form der Anekdote – teils vom Onkel Franz, teils von anderen Informanten – zugetragen wurden. Ich bitte um Verständnis, dass nicht jeder der Protagonisten der folgenden Geschichten namentlich genannt wird. Jedoch wer sie kennt, wird sie auch ohne Namen zuordnen können.

Um die Reihenfolge im Titel einzuhalten, beginne ich mit einem Wirt. Der Besitzer einer kleinen Weinstube bediente in dieser persönlich, und das mit ausgesuchter Höflichkeit und weltmännischer Grandezza. Auch hegte ich immer den Verdacht, dass der gute Mann seine Lehrzeit beim berühmten „Demel" in Wien absolviert haben musste, da er den dort üblichen Majestätsplural wie kein Zweiter beherrschte. Nicht abgeneigt, selbst mit Namen und ersessenem Titel angesprochen zu werden, ließ er seinen Gästen grundsätzlich unter Weglassung des Namens sowie eines etwaigen Titels die indirekte Anrede zuteil werden.

„Haben schon gewählt?", wurde so auch ein neu hinzugekommener Gast befragt. „Jo, Herr Wirt, a Seidl Bier hätt i gern und a Glanichkeit zun Essn. Oba wos Schnöös, wei i muass zum Zug!" – „In diesem Falle wären Frankfurter zu empfehlen", replizierte der Gastronom. Damit war die Geschäftsanbahnung abgeschlossen und unser Wirt begab sich in die Küche, um Wasser aufzusetzen. Warum die Würstel zwanzig Minuten später immer noch nicht serviert waren, ist nicht überliefert. Wie auch immer, unser Gast, der sich Sorgen machte, seinen Zug zu versäumen, hakte nach: „Wos is denn mit de Wiaschtln, i hobs drawig!" – „Sind unterwegs, sind unterwegs, wollen noch etwas Geduld haben!" Als die Speise zehn Minuten später noch immer nicht kommen wollte, rief der Gast, der nun schon erheblich unter Zeitdruck stand, den Wirt. „Herr Schef, jetzt dawoat is nimma. Zoin bittschen!" – „Aber die Würstl, halten zu Gnaden, wären bald fertig", meinte der Angesprochene, in erster Linie den Umsatz im Auge. „A wons glei kumman, i kunnts nimma essn, mir foahrt da Zug davo! I zois eahna eh, nur 's Essn geht se beim bestn Wuin nimma aus!"

Jeder andere Wirt hätte wohl das Angebot, das nicht Konsumierte zu berechnen, empört von sich gewiesen, nicht so unser Exemplar. Flugs griff er zu Stift und Zettel und begann aufzunotieren: „Drei Seiterl Bier haben gehabt, ein Paar Frankfurter und", sich etwas vorbeugend, „wie viel Brot hätten Sie gehabt?"

Die nächste mir hinterbrachte Geschichte handelt vom Typus des täglichen Stammgastes. Ein Mensch, der – wie der Name schon sagt – täglich das gleiche Gasthaus besucht, meist seinen angestammten Platz belegt und auch seine Trink- und Essgewohnheiten kaum variiert. Zum besseren Verständnis der folgenden Begebenheit seien die Lage des Stammlokales und die Art, wie der tägliche Besuch ablief, näher beschrieben. Das Wirtshaus liegt einsam an einer schnurgeraden, kleineren

Landstraße und der Sepp, wie wir ihn nennen wollen, pflegte es immer gegen fünf Uhr nachmittags mit seinem Moped zu besuchen. Es handelte sich dabei um ein Fahrzeug der Marke Puch (um eben solch einen „Hehnastauba", wie ihn auch der Onkel Franz besitzt). Der Sepp drehte das Moped dann immer um, sodass es wieder in die Richtung wies, aus der er gekommen war. Der Sepp wusste, dass er ansonsten nach dem Genuss seiner üblichen sechs Halbe Bier Schwierigkeiten bei der Navigation der Heimreise bekommen könnte. Ab und zu aber erlaubten sich die „Buam" einen Scherz mit ihm.

Unter „de Buam" verstand der Sepp die Stammtischler, die die fünfzig Jahre noch nicht überschritten hatten und ledig waren. Diese „Buam" also drehten dem Sepp dann sein Moped wieder um. Drei Stunden und sechs Halbe später bestieg der so Gefoppte sein Gefährt und machte sich auf den Heimweg. Natürlich in die falsche Richtung. Als er eine gute Weile so dahingefahren war, hielt ihn die Gendarmerie auf. „Jo, da Sepp", wurde er begrüßt, „wo mechst denn du hie, ha?" – „No hoam hoit, wia oiwei, frog ned so deppat!" – „Do bist oba sauba foisch dro", erklärte ihm daraufhin das Wachorgan, „du bist jo scho fost in Ostamitting!" – „A drum gehts heit gor so lang her!", schnappte der Sepp. „Hom ma de Saubuam wida 's Moped umdraht!"

Der Sepp war bei der Wirtin seines Stammlokales an sich sehr beliebt, nur eines mochte sie gar nicht leiden: Aufgrund seiner langjährigen Trinkerkarriere vertrug er die üblichen sechs Halbe nicht mehr so recht. Nach der vierten, fünften begann er immer etwas eigentümlich zu werden und „verging" sich, wie man sagt, schon mal bei seinem halbstündlichen Toilettengang. „Gestan is a ma wida in d'Wohnung aufi", schimpfte die Resi dann, „und hat ma d'Bodwann ogfuit!" Womit der Sepp ihr

„d'Bodwann ogfuit" hat, sei hier diskret verschwiegen. Um solche Auswüchse in Zukunft zu verhindern, gab ihm die Resi am nächsten Tag nach drei normalen Bieren drei alkoholfreie. „Des merkt a sowieso nimma!" Gesagt, getan – die vierte, fünfte und sechste Halbe wurden also entschärft. Der Sepp hat sie auch, ohne zu reklamieren, getrunken und sich auf den Heimweg gemacht. Dieses Mal in die richtige Richtung. Am nächsten Tag ist er wiedergekommen, hat sich auf seinen Platz gesetzt und hat wortlos seine ersten drei Halben getrunken. Als ihm die Resi dann das vierte Bier servieren wollte, hat er in seiner ruhigen Art nur gesagt: „Oba dasst ma heit fei koa alkohoifreis gibst!" Zuerst hat die Wirtin diesen Tatbestand noch abgestritten, aber der Sepp hat insistiert. „Oba", wollte sie dann wissen, „wia hosstn des gmerkt?" – „Jo mei", hat der Sepp erklärt, „weil's mi beim Hoamfoahn gestign ned oa Moi gschmissn hod!"

Phonetische Missverständnisse

Manchmal entsprechen Wörter aus der deutschen Hochsprache oder gewisse Anglizismen phonetisch einem Ausdruck aus dem Innviertler Dialekt oder kommen ihm zumindest sehr nahe. Da kann es dann schon mal passieren, dass aneinander vorbeigeredet wird. Oft will der Innviertler das Gesagte auch gar nicht verstehen, stellt sich sozusagen dumm. Fragt nach mit Floskeln wie „Wia hoast des?" oder „Was soi denn des sei?". In folgender Szene wollen wir dies nicht unterstellen.

Neulich ist bei der Resi am Stammtisch ein Fremdkörper gelegen. Eine besonders moderne Sonnenbrille, die so gar nicht dort hinpassen wollte. Zwischen Spielkarten, Aschenbecher, Brezenständer und Brotkörberl war diese Brille irgendwie fehl am Platz. So hat die Wirtin dann auch gefragt: „Wos isn des fira Bruin?" Wenn man solcherart im Innviertel fragt, will man nicht etwa das Fabrikat der Brille in Erfahrung bringen, sondern „wem de ghört, wer de do hinglegt hod". Der stolze Besitzer hat sich auch sogleich gemeldet mit den Worten: „Porsche-Design!" Worauf die Resi wissen wollte: „Wem de sein?"

Eine ähnlich missverständliche Konversation ist mir vom Onkel Franz persönlich bekannt. Hier war es einer der Stammwirte des Onkels, der von diesem falsch verstanden wurde. Der Gastronom, an sich dafür bekannt, nicht sehr freigiebig zu sein, hat sich eines lauen Sommerabends doch dazu hinreißen lassen, dem vielköpfigen Stammtisch eine Runde Schnaps auszugeben. Zur Auswahl standen ein Kornschnaps und ein Obstbrand (beides übrigens langjährige Ladenhüter). Sodann ging er mit einer Strichliste die Reihen der Stammtischbrüder ab und stellte die für den exakten Serviervorgang notwendige Frage: „Obstler oder Korn?" Jeder der Anwesenden gab dem Wirt bereitwillig Auskunft, nur der letzte der Befragten, der Onkel Franz, hat ihn wohl etwas falsch verstanden. Auf die nun schon mehrmals gestellte lapidare Frage „Obstler oder Korn?" antwortete der Onkel etwas ungehalten: „Na, koan werd i megn, sowieso mog i an Obstler, wonst scho amoi oan auslosst!" Er unterlag also dem phonetischen Missverständnis, ob er einen Obstler oder „koan" – also keinen nicht – wünsche, und das brachte ihn dermaßen in Rage, dass er gar nicht mehr aufhören wollte zu lamentieren: „Do gibta amoi alle heilign Zeitn oan aus, vastehst, und dann data agrat mi frogn, ob i eh koan mog – woastas – jetzt deafast fei schnoi schau, dasst na herbringst, dein windign Obstla – wia won i koan megn dat, do heat si jo do ois auf!"

Der Onkel war dem Wirt jetzt aber nicht wirklich böse, kurze Zeit später lud er die Stammtischbrüder in ebendiesem Lokal zu einer sogenannten „Bratlpartie". Schweinsbraten auf Innviertler Art, im Reindl gebraten mit Knödeln, mitgebratenen Kartoffeln, Stöckelkraut und Radi. Den Gästen am Nebentisch, bestehend aus zwei Pärchen mittleren Alters, lief beim Anblick und Geruch dieser Köstlichkeiten das Wasser im Munde zusammen und man richtete an den Wirt das Ansinnen, doch auch Selbiges serviert zu bekommen. „Na, des geht ned", war die Antwort des so Befragten, „des is bstoit und von de Portionen her obzoit, duat ma load!" Den Gästen tat es auch leid, doch man fügte sich drein.

Nachdem sich der Stammtisch satt gegessen hatte, ergab es sich, dass doch noch einige Portionen des Bratls übrig waren. Und so – da alles schon vom Onkel Franz pauschal bezahlt war – tat sich dem Gastronom eine unerwartete Möglichkeit auf, zusätzlichen Umsatz zu machen. „De Herrschaftn, jetzt hätt ma doch nu a Bratl, wonns mechatn!" Zwei der vier angesprochenen Herrschaften machten von diesem großzügigen Angebot Gebrauch und ließen es sich sogleich voll des Lobes schmecken. Die Herren priesen das Konsumierte derart an, dass nun auch die bis dato – wahrscheinlich weil figurbewussten – bratlabstinenten Gattinnen nach der Speise verlangten. „Oba Herr Wirt, a so a große Portion, de wird uns z'vui, bringans uns deart an Damenteller!" Das passte nun diesem gar nicht, konnte er doch für einen „Damenteller", also für eine halbe Portion, kaum den vollen Preis berechnen. So brachte er dann – entgegen des geäußerten Wunsches – zwei ganze Portionen. „Geh, Herr Schef, mia woitn doch an Damenteller!", beschwerten sich die beiden. „Wos woits denn?", begann daraufhin der Wirt. Er hatte nämlich, nach alter Innviertler Serviertradition, die zwei Gerichte fest im Griff. Je vier Finger unter dem Teller, die Daumen oben, halb in der Soße. „Wos woits denn?", bellte er also, „i hob ja eh an Dam in Teller!"

Eine auch zu diesem Kapitel passende, mir hinterbrachte Geschichte handelt ausnahmsweise nicht in einem Wirtshaus, sondern in einem großen Kaufhaus in der Bezirkshauptstadt Ried im Innkreis. Umgeben vom ländlichen Raum, waren diese Stadt und die in ihr befindlichen Konsumtempel von jeher Anziehungspunkt für die Bevölkerung der nahen Dörfer. So geschah es auch, dass eine schon sehr betagte Bäuerin, der es anzusehen war, dass dies einer der wenigen Stadtbesuche in ihrem erfüllten Leben gewesen sein mochte, auf eine Angestellte des Kaufhauses zukam. „Geh, Freilein, sogn S', wo is'n bei eich 's Klo, i miassat amoi!" Die Angesprochene beschrieb ihr daraufhin den Weg zu den Toiletten und glaubte damit die Sache als erledigt. Unsere Bäuerin jedoch irrte des Längeren erfolglos durch die Gänge und trat erneut an sie heran. „I finds ned, bittschen, mechatn 'S ma's ned zoagn!" Also verließ die Hilfsbereite ihren Informationsstand und geleitete die Kundin direkt vor die Tür des besagten Örtchens. „Schaun S', do is eh, wia is Eahna beschriebn hob!" Auf eben dieser Tür prangte in großen Lettern der Schriftzug „Kundentoilette". „Jo", meinte darauf die betagte Innviertlerin, „do woar i eh scho, oba do kon i jo ned eini, des is jo de fia d'Kundn, i brauch jo de fia d'Menscha!"

Ein „Kund'", wohl unnötig für die meisten Leser zu erklären, ist nämlich im Innviertel ein Mann, „d'Menscha" hingegen bezeichnet den weiblichen Teil der Bevölkerung. Somit glaubte die gute Frau, mit der „Kundentoilette" lediglich das Herrenklo vorzufinden.

Wie anhand eben erwähnter Beispiele leicht zu erkennen, ist der Innviertler des Hochdeutschen zwar latent mächtig, setzt es aber selten und dann nur wenn nötig oder vorteilsbringend ein. Darüber hinaus verfügt er über Idiome, Wendungen und Beugungen der Hochsprache, die sich im modernen Alltagsleben meist nicht mehr wiederfinden. Und trotzdem unbeirrt weiter verwendet werden.

Doch nun wieder zum Stammtisch. Dem Treffpunkt derer, die dem jugendlichen Ausgehverhalten nichts mehr abgewinnen können. Die den gemütlichen Wirtshaustisch längst den meist lauten Bars und Tanzlokalen vorgezogen haben. Also den mehr oder weniger Erwachsenen. Ich wähle diese Formulierung, weil ich mir nämlich gar nicht so sicher bin, ob es immer so erstrebenswert ist, erwachsen zu werden. Es bedeutet ja auch, verschiedenen Dingen zu entwachsen. Und um manche kindliche Eigenschaft wär's schade, wie ich finde. Oft negativ belegt sind ja Egoismus, Eigensinn oder gar Sturheit. Bei näherer Betrachtung fällt jedoch auf, dass das reine Gegenteil auch kein Segen ist. Drum, lassen Sie ihn sich nicht ganz wegerziehen, den kindlichen Eigensinn. Bleiben Sie ruhig ein bisserl stur.

Das braucht man dem Onkel Franz und den Seinen nicht extra zu sagen. Stur ist er nämlich, der Innviertler. Und auf ein paar dieser sturen – sprich in ihrer Eigenart verharrenden – Vertreter ihrer Spezies treffen wir in den nachfolgenden Geschichten.

Der Stammtisch lebt

Der Onkel Franz beklagt sich gerne. Immer ist ihm etwas zu viel oder zu wenig. Zu viel ist ihm zum Beispiel die Steuerlast, der Bierpreis, die Kälte, die Hitze, der Verkehr – und überhaupt! Zu wenig ist ihm sein Lohn, später seine Rente, die Portionen im Wirtshaus und der Nachwuchs in den Vereinen. Über den Nachwuchs an den Stammtischen kann sich der Onkel jedoch nicht beklagen. Im Gegenteil. Neulich berichtete er mir Folgendes: „Jetzt homma bei unsan Wirtn scho wida an neichn Stammtisch! Glei hinta uns sitzn s'. Na, des san vielleicht a paar Vögl!" Und er beschrieb mir die „Vögl" im Einzelnen.

Da war zum einen der Herbert. Frühpensionierter Vorarbeiter einer großen, ortsansässigen Spenglerei, bei gutem Appetit und Durst, ausgestattet mit umfassendem Wissen auf allen Gebieten und einem sehr lauten Organ.

Sehr viel leiser in der Stimme und eher zurückhaltend in seinen Aussagen der Hans. Von kleinem Wuchs und mit dicken Brillengläsern war er seit seiner Schulzeit daran gewöhnt, sich im Hintergrund zu halten. Heute arbeitet er bei den Österreichischen Bundesbahnen – Innendienst.

Giovanni, dessen Eisdiele am Mittwoch Ruhetag hat, war auch mit von der Partie. Multikulturell sozusagen. Er trug den italienischen Aspekt zur Unterhaltung bei.

Der Vierte im Bunde war Alfred, Betreiber einer Gemischtwarenhandlung am Hauptplatz des kleinen Ortes. Seine Aufgabe war es, den anwesenden unselbstständigen Erwerbstätigen die Schwierigkeiten des freien Unternehmertums klarzumachen.

Die vom Onkel Franz belauschte Unterhaltung („Sats amoi stad!") trug sich folgendermaßen zu:

GIOVANNI (zum Wirt):
E, Kollegga, bringst du mir eine schöne Chianti, verstehst du, und e eine Ciabatta mit e diese die Prosciutto!

WIRT:
Wos mecht er?

HERBERT:
A Ochtl Zweigelt und a Schinknbrot, eh wia oiwei.

HANS:
Mia mocht jo d'Frau oiwei a Kasbrot mit Edamer und a Thermoskonn Kamüintee fia d'Oabeit, dass i wos hob fia d'Pause. Dawei is a ma eh z'rass, da Edamer, und aufn Kamüintee kriag i oiwai an Durchfoi!

HERBERT:
No, dann sogstas hoit amoi deina Oidn, dasst den Schmoarrn ned mogst! Na, der dat i wos dazoin!

HANS:
Jo mei, sie moant mas jo grod guat, do kann ma ned so sei. Jetzt woars amoi a Wocha auf Kur, do hob i ma vor lauta Gwohnheit eh oiwei dessoibe hergricht.

HERBERT:
Na, so deppat mecht i amoi sei! Wos sogst jetz du dazua, Fredl, ha?

ALFRED:
Ach mei, aus Sicht des Gewerbetreibenden kann i dazu nur sogn, dass es interessant ist, wie sehr sich das Kundenverhalten nach gewissen Gewohnheiten richtet. Ich persönlich hob jo keine Zeit zum Jausnen während der Geschäftszeit, und zum Mittagessen komm ich ja auch kaum aus'm Laden.

GIOVANNI:
Si, Alfredo, isse genauso bei meine Gesäft. Musse mache Umsatz, habe keine Zeit für die Esse, gemma Abend in die Ristaurante, verstehst du?

HERBERT:
Heast, dei Ristaurante konnst da in d'Hoar schmian, heit konnst eh in koan Wirtshaus mehr gscheit essn. Früher, do wor des nu ondas, do host a gscheits Schnitzl oda an guatn Koibsbrotn griagt, oba heit, des is jo ois nix mehr, des konnst jo ois vagessn!

HANS:
Und, gehst jetzt du oft zum Essn, Herbert?

HERBERT:
A, scho zwoanzg Joahr nimma, i bin do ned deppat!

GIOVANNI:
Ah, jetzt hab i gekriegt Hunger. Scheffe, machst du eine Insalate mit bissi Rucola und e diese die Mozzarella mit e Tomate und e Balsamico mit e bissi Olio di Olive und e diese deine gute Prosciutto!

WIRT:
Wos mecht er?

HERBERT:
No, an Schweiza Wurschtsolod hoit!

ALFRED:
Und mir noch ein Weißbier, Herr Kollege, aber dann muss i heim, wei i muss jo morgen schließlich ins Geschäft. Angestellt müsst ma sein, dann könnt man abends mit an leeren Hirn heimgehn!

HERBERT:
Monche gengan in da Früah scho mit am leeren Hirn hie!

HANS:
Do moanst jetzt oba ned mi, oda?

HERBERT:
Oba na, Hansi, sei ned glei so ogriat, mogst nu an Kamüintee?

ALFRED:
Wenn ich mir denk, heutzutage, bei den hohen Abgaben und den gestiegenen Personalkosten, von den Nebenkosten gar nicht zu reden, und dann sitzt man hier und konsumiert, und hint und vorn reicht 's Geld nicht!

HERBERT:
Au weh, jetzt jammat er wida!

GIOVANNI:
Alfredo, musste du mache wie in Italia. Zahlste du nix die Steuer, machste du keine Anmeldung mit e die Personale, verstehst du, tutto bene.

ALFRED:
No, so gscheit sind mir in Österreich scho lang! Geh, oa Weiß-bier nu, Herr Wirt!

HANS:
Oba is des ned ungesetzlich?

ALFRED:
Ungesetzlich wirds erst, wenn s' dich darwischn!

HERBERT:
Haha, der woa guat! Wirt, a Rundn Schnaps aufn Fredl, der konns eh abschreibm!

GIOVANNI:
Si Patrone, bringst du vier Grappa, aber die Gute – da Montal-cino – verstehs du?

WIRT:
Wos mecht er?

HERBERT:
No, vier Obstla hoit.

WIRT:

Kimmt glei. Übrigens, Herbert, dei Frau hot grad angruafn, du soist schau, dasst hoamkummst. Und sunst, meine Herrn, wos dearf i nu bringa?

HERBERT:

Na danke, mir dann do nix mehr.

ALFRED:

Ein Weißbier geht nu, dann muss i oba glei.

GIOVANNI:

Gibst du mir noch eine Glas von deine gute Chianti!

HANS:

Und mir nu an Kamüintee.

Eigen, ein jeder für sich, liebenswert auch – mehr oder weniger –, aber eines sicher nicht, nämlich glatt geschliffen, austauschbar oder gar angepasst. So wird in diesem Buch noch öfter die Rede sein von allerlei Käuzen, Faktoten und Originalen. Wenig überraschend, dass auch folgendes Kapitel ebendiese im Titel führt.

Von allerlei Käuzen
(mürrischen und anderen)

Im Laufe der Zeit wird man mit vielerlei Personen und Persön-
lichkeiten (man beachte den Unterschied) konfrontiert. Einige
davon bleiben in unserer Erinnerung verhaftet, andere verblassen
mit den Jahren. Oft ist es auch die Funktion, die diese Persön-
lichkeiten innehatten, die sie uns so unvergesslich machen.

Ein Kauz, der uns in einem der vorangegangenen Kapitel bereits
begegnet ist, sei hier noch einmal zitiert. Es handelt sich, Sie werden sich erinnern, um den Wirt der kleinen Weinstube, der –
seinen Umsatz fest im Blick – mit formvollendeter Höflichkeit
auch Nichtkonsumiertes zu verrechnen pflegte. Die Geschichte,
die mir einer meiner zahlreichen Informanten zugetragen hat,
begab sich wie folgt:

Wir schreiben den 31. Dezember, irgendwann in den späten
Sechzigern oder frühen Siebzigern. Mein Informant und sein
Freundeskreis, allesamt honorige Mitglieder unserer Gemeinde,
fanden sich in besagter Weinstube ein, um den Silvesterabend zu
feiern. Man speiste und trank vorzüglich, die Stimmung war gut,
die Stunde des Jahreswechsels näherte sich. Unser Wirt – wie

schon erwähnt, sehr umsatzorientiert – versorgte die anwesende Feiergemeinde mit Sekt „Hausmarke" und ausreichend Gläsern. Als die Turmuhr zwölf schlug, konnte man so das neue Jahr gebührend willkommen heißen. Man stieß an, wünschte sich gegenseitig nur das Beste und wollte ebenso mit dem Hausherrn verfahren. Der war jedoch zu dieser wichtigen Stunde unauffindbar. Man wunderte sich, rechnete jedoch mit seinem alsbaldigen Erscheinen. Dem war aber nicht so. Es ging auf halb eins zu und er war immer noch nicht aufgetaucht. Man begann sich Sorgen zu machen. Sollte er auf dem Weg in den Weinkeller gestürzt sein? War ihm etwas zugestoßen? Der Sache nachzugehen, was bedeutet hätte, in seine privaten Bereiche einzudringen, traute man sich dann doch nicht. Als kurz nach ein Uhr des noch jungen Jahres die Besorgnis unter den Gästen zunahm – man beratschlagte an allen Tischen, was zu tun sei –, erschien der Vermisste wieder und begann, als wäre er nie weggewesen, die Gläser seiner Kundschaft nachzuschenken und nach weiteren Konsumationswünschen zu fragen. Man wünschte ihm nachträglich ein frohes, erfolgreiches Neujahr, berichtete von den Sorgen, die man sich um ihn gemacht hatte, und wollte wissen, wo er denn so lange gewesen sei, ausgerechnet zur Stunde des Jahreswechsels.

Darauf unser Wirt: „Na, wo werd ich wohl gewesen sein? Inventur machen, selbstverständlich!" Nach Auskunft seines Steuerberaters musste neuerdings der genaue Lagerbestand festgestellt werden, den man über den Jahreswechsel mit hinübernahm. Und das hatte unser in solchen Dingen sehr akkurater Gastronom mehr als wörtlich genommen. Kurz vor zwölf begab er sich also in den Keller und begann exakt mit dem Schlag der Turmuhr, während im Rest der Zeitzone fröhlich angestoßen wurde, Weinflaschen, Gurkengläser und Reissäcke zu zählen.

Der nächste unter den Käuzen (er möge mir diese Titulierung verzeihen) ist der Walter, liebevoll „Woidl" gerufen. Und der zählt beileibe nicht zu den mürrischen. Im Gegenteil. Freundlich und arglos von Natur aus war und ist er weitum bekannt und beliebt.

Zum genaueren Verständnis muss sein Wohn- und Arbeitsplatz geografisch beschrieben werden. Wie so manches Dorf im Innviertel verfügt auch Ranshofen über ein Oben und Unten. Am Fuße des sogenannten Hofberges beziehungsweise ein paar Häuser weiter wohnt er. Die halbwegs steile Straße über den Hofberg hinauf führt an der Kirche vorbei durch den Schlosshof zu den Industrieansiedlungen. Hier arbeitete Walter noch vor einigen Jahren vor seiner Pensionierung im Schichtdienst. Mein Informant saß nun im Gastgarten des Schlosscafés, als Walter an selbigem ankam. Er war auf dem Weg zur Arbeit und hatte sein Rad gerade den Hofberg heraufgeschoben. Er grüßte alle Anwesenden freundlich und beschloss nach einem Blick auf die Kirchturmuhr, dass sich vor Dienstbeginn „nu a Hoibe ausgeht". Sprach's, lehnte sein Rad an den Gastgartenzaun und setzte sein Ansinnen in die Tat um. Als mein Informant, nachdem er mit Walter angestoßen hatte, das Fahrrad näher betrachtete, stellte er fest, dass die für die Kraftübertragung unerlässliche Kette fehlte. „Ja sag amoi, Woidl", kleidete er seine Verwunderung in Worte, „du hast ja koa Kettn am Radl, wia denn des?" – „Ah de", antwortete dieser nach einem kräftigen Schluck, „de is ma scho long amoi grissen." – „Oba", wurde er weiter befragt, „wieso richsn des ned her? Do ghört ja a neiche aufi." – „Nana, des brauchts ned, des is ja bloß mei Arbeitsradl", war Walters Antwort. Er besaß nämlich zwei Fahrräder. Mit einem unternahm er ausgedehnte Radtouren durchs Innviertel und ins Bayerische, mit dem anderen – eben jenem Arbeitsradl – fuhr er ausschließlich zur

Arbeit. Jaja, schon klar, aber ohne Kette? „Jo mei", war die ebenso einfache wie schlüssige Erklärung, „was brauch i beim Arbeitsradl a Kettn? Bergauf in d'Arbeit muass i sowieso schieben und hoamzua gehts eh bergab!"

Von einem der oben erwähnten Ausflüge mit dem „guten Rad" hat mir der Walter dann einmal persönlich erzählt. Mit seiner Erlaubnis gebe ich die Ereignisse nun gerne weiter. Ich bitte die geneigte Leserschaft, dabei ihr geistiges Auge besonders zu bemühen.

Man muss sich das nämlich so vorstellen. Der Walter, von eher hagerer, sehniger Gestalt, pflegte im heißen Sommer seine Ausfahrten oft in der Badehose zu absolvieren. Ein Behältnis auf dem Gepäckträger nimmt die abgelegte Kleidung auf und der sonnengebräunte Radtourist tritt kräftig in die Pedale. Dabei weht es das meist etwas längere Haar und die Spitzen des Schnauzers nach hinten. Auf den ersten Blick wirkt der Athlet aufgrund der eher knappen Badehose beinahe nackt. Und so macht er sich eines Sommertages auf nach Altötting. Eine Wallfahrt sozusagen, an deren Ziel das eine oder andere kühle Bier winkt. Und wie der Walter so schon geraume Zeit schweißtreibend unterwegs ist und sich der Belohnung nahe wähnt, fällt ihm auf, wie gut man das bayerische Verkehrsnetz ausgebaut hat.

„D'Stroßn vierspurig mit Mittelstreifn und d'Radlweg vui breada wia bei uns. Klass, deng i ma, do hob i Plotz, do fühl i mi sicha!"

Es dauert allerdings nicht lange, bis ihn dieses subjektive Sicherheitsgefühl verlässt, denn die vorbeibrausenden Autolenker verhalten sich merkwürdig. Sie hupen den Walter an, die Beifahrer wedeln mit den Armen. Manche zeigen ihm unfein sogar den Vogel. Auch viele Lastzüge sind nun unterwegs. Die machen ordentlich Wind, wenn sie am Radler vorbeizischen, und ihre Mehrtonhupen verursachen einen Höllenlärm. Da dämmert es dem Walter, dass er sich nicht auf einem besonders komfortablen Radweg befindet, sondern auf dem Pannenstreifen der Autobahn Richtung München. Jetzt wird ihm doch ein wenig mulmig und er möchte die Rennpiste so schnell wie möglich verlassen. Doch rechts von ihm, hinter der Leitschiene ist eine Böschung, von undurchdringlicher, bayerischer Macchia überwuchert. Da sieht er – gleichsam Rettung verheißend – ein Hinweisschild: „Ausfahrt Altötting 3 km".

Nun gibt er richtig Gas. Nichts wie runter von der Autobahn! Das Gehupe und die Gesten der Autofahrer nehmen zu. Zumindest kommt ihm das so vor. Der Schweiß rinnt ihm in Bächen von der Stirn und wird vom Fahrtwind über die Bartspitzen nach hinten versprüht. Da – ein weiteres Schild! Noch tausend Meter bis zur rettenden Ausfahrt! Das ist zu schaffen. Die Hinweistafel, die fünfhundert Meter vor der Abfahrt Altötting angebracht ist, kommt in Sicht!

Und eben diese Aussicht, so knapp vor dem Ziel, wird ihm jetzt von einem Wagen der deutschen Polizei verstellt. Mit blinkendem Blaulicht kommt er vor ihm auf dem Pannenstreifen zu stehen. Irgendein besorgter Verkehrsteilnehmer muss wohl die Exekutive informiert haben. Die folgende Amtshandlung läuft etwas skurril ab, jedoch durchaus freundlich auf beiden Seiten, wie mir der Hauptdarsteller erzählte: „Woast, de san recht nett gwesn, de boarischn Schandinger. A Weibaleit woar a dabei. Mit so am blonden Pferdlschwanz – recht a Fesche!" Und dieser feschen Beamtin kann er dann auch mittels Innviertler Charme und entwaffnender Ehrlichkeit glaubhaft machen, dass er ein harmloser Radausflügler ist, der sich lediglich „a bissl verirrt" hat.

Bereitwillig gibt er auf Befragen Namen und Wohnort bekannt. Leider kann er diese Angaben in keiner Weise belegen, der Woidl führt weder Ausweis noch andere Dokumente mit sich.

„Jo, ham S' denn gor nix zum Ausweisen dabei?", will die hübsche Polizeimeisterin wissen. „Irgendwas?"
Der Walter kramt in seinem Körberl, findet dann doch noch einen Identitätsnachweis und reicht ihn ihr triumphierend. „D'Billa-Vorteilscard, de geht a, goi? Do steht mei Nam drauf."
Die Beamtin studiert das österreichische Dokument und bedauert. Wohl stehe der zuvor genannte Name auf der Karte, enthalte jedoch kein Lichtbild. Letztlich glaube man ihm aber doch, der zu sein, der er vorgibt, und fordert ihn auf, dem Einsatzwagen mit dem Rad in kurzer Entfernung zu folgen. Man werde ihn von der Autobahn heruntereskortieren. Und so geschieht es. Beinahe im Schritttempo und mit Blaulicht das Polizeiauto vorweg. Im Heck die blinkende Laufschrift: „Bitte folgen!" Und hintendrein der Walter in für ihn ungewohnt langsamem Tempo. So ist er denn auch froh, als man die Ausfahrt Altötting erreicht. Diese gabelt sich in weiterer Folge. Der Einsatzwagen biegt links ab und der Walter entscheidet sich für die rechte Abzweigung. Denn die führt seiner Erinnerung nach zu einem gemütlichen Gastgarten, dem eigentlichen Ziel seiner Reise. Zum Abschied winkt er den hilfsbereiten Beamten noch freundlich zu.

„Hat ned lang dauert, dann ham s' mi scho wieda ghobt!" Ein zweites Mal wird der österreichische Gast gestellt. „Mia samma fei nu ned fertig!", sagt nun der männliche Teil der Streife. „Jetzt wirds zum Zoin!" Man habe ihn eben nur schnell von der Autobahn schaffen wollen, um den Rest der Amtshandlung auf sichererem Terrain fortzusetzen. Der Standard-Verwarnungszettel, den er jetzt bekommt, sieht aus wie eine alte Theaterkarte und weist zwei Kreise auf. In einem steht € 5,–, in dem anderen € 10,–. Der Walter hat ihn mir gezeigt. Der Kreis mit der Fünf ist angekreuzt und der Ausflug auf die Autobahn damit günstig ausgegangen. Den Strafzettel trägt er jetzt immer bei sich im Geldtascherl, der Woidl, und zeigt ihn gerne her, wenn er von seinem bayerischen Abenteuer erzählt.

Einer der zahlreichen Stammtischbrüder des Onkel Franz sei hier noch erwähnt. Der Hansl, wie die meisten der regelmäßig Erscheinenden schon lange pensioniert, beteiligte sich auf ganz eigene Art an den Wirtshausdiskussionen. Nämlich gar nicht. Still hörte er sich die Argumente, das Für und Wider der anderen an, blickte sinnierend in sein Bierglas und ganz zum Schluss, wenn ihn jemand – was immer wieder vorkam – fragte: „Und, Hansl, wos sogst iazt du zu dera Soch?", ließ er die Anwesenden an seiner Weisheit teilhaben. Dazu genügte ihm meist ein einziger, kurzer Satz.

Beispiel: Der schon seit ewigen Zeiten nicht mehr als solcher benutzte, ehemalige Pfarrhof des kleinen Ortes wurde umgebaut und erweitert, um ihn seiner neuen Bestimmung als Gemeindezentrum und Veranstaltungssaal zuzuführen. Die prächtige barocke Vorderfront des altehrwürdigen Gebäudes blieb erhalten, den Anbau hatte der Gewinner eines Architektenwettbewerbs ganz in Glas und Stahl seiner Ansicht nach harmonisch angefügt. Die Meinung der meisten Stammtischler war jedoch eine ganz andere: „Jo spinnt denn der, des passt jo ned! Vui z'neich, vui z'modern!" Oder: „So wos Greißlichs, do konnst jo gor ned hischau, des Oide, des is sche, oba wos der do hipflostat hot, na fuachtboa!" Alle Anwesenden waren sich einig, dass „des Neiche ned zun Oschau" sei. Nur der Hansl schwieg wie immer. Als ihn einer dann wie oben schon erwähnt letztendlich fragte: „No, Hansl, wos sogst iatzt du dazua?", nahm er – wohl um die Spannung zu steigern

– einen ausgedehnten Schluck aus seinem Bierglas, wischte sich umständlich mit dem Ärmel den Mund ab und verkündete:

„Jo mei … des wiad a amoi oid."

Und wieder stehe ich an dieser Stelle vor dem Torberg'schen Problem, das im Prolog Erwähnung fand. Von allerlei Käuzen war in diesem Kapitel die Rede, von mürrischen wie auch anderen. Groß ist ihre Zahl und noch viele mehr hätten in diesem Abschnitt ihre Heimat gefunden, wären sie nicht schon anderswo beschrieben. Sei es wegen ihrer Profession oder Stammtischzugehörigkeit, sei es aufgrund familiärer Bande, sie haben andernorts in diesem Buch Unterschlupf gefunden. Der geneigte Leser wird sie aufspüren und erkennen, da bin ich mir sicher.

Nun, da wir einige dieser Zeitgenossen und Trabanten des Onkels kennengelernt haben, steht uns ein weiterer Exkurs ins Haus. Wie schon der erste beschäftigt sich auch dieser mit so mancher Eigenart im Sprachgebrauch. Für mich ist es immer wieder ein Genuss, tief in die eigene Prägung einzutauchen, die ich – zugegebenermaßen – in einer gewissen Zeitspanne meines Aufwachsens gar nicht mochte, ja schier ablehnte. Es ist allerdings nicht nötig, allzu viel Asche auf mein Haupt zu streuen, die Pubertät und die ihr folgenden Jahre des Sturmes und des Dranges entschuldigen vieles. In dieser Zeit war mir der Sprachgebrauch meiner eingeborenen Vorfahren zuwider. Um genau zu sein, muss ich einen neudeutschen Ausdruck bemühen. Er war einfach „uncool". Doch im Laufe der folgenden Jahre begann ich die eigene Herkunft, die Wurzeln der Heimat und ihrer Sprache immer mehr zu schätzen und letztlich zu lieben. Denn liebenswert sind sie, die entgegen jedweder Grammatik dennoch richtigen Beugungen des Hochdeutschen.

Besitzanzeigende Für- und Wider-Wörter

Im Innviertel begegnet uns oft das eine oder andere grammatikalische Paradoxon. Vor allem bei der geschlechtsspezifischen Zuordnung von besitzanzeigenden Fürwörtern. Wird zum Beispiel der Onkel Franz befragt, wem denn der neulich im Wirtshaus vergessene Regenschirm gehöre, antwortet er wahrheitsgemäß: „Des is da Meiner da Sei."

Das erste besitzanzeigende Fürwort, „de Meine", in diesem Falle ein Hauptwort, bezeichnet die Tante, also des Onkels Frau. „Da Sei" wiederum ordnet besitzanzeigend das Objekt der gestellten Frage – also den Regenschirm – der Tante zu. Es handelt sich also um ihren Regenschirm. Der Onkel sagt aber „da Sei" und nicht „da Ihr". Warum er das tut, wissen wir nicht. Um die sich nun wahrscheinlich einstellende Verwirrung aufzulösen, übersetzen wir den Satz „Des is da Meiner da Sei" notdürftig ins Hochdeutsche. Er müsste dann ungefähr lauten: „Das ist der Meinen der Seine." Will sagen, DAS (der Regenschirm) IST DER MEINEN (meiner Frau) DER SEINE (also ihrer). Ich hoffe, der geneigte Leser konnte meiner Argumentation folgen. Allein muss ich eine Erklärung schuldig bleiben, warum der Onkel ein eindeutig männliches besitzanzeigendes Fürwort verwendet, wo ein weibliches hingehört hätte. Vielleicht handelt es sich ja um ein neutrales, überbegriffliches im Sinne von „jedem das Seine". Und das hat natürlich männlich zu sein – nicht nur im Innviertel!

Der Onkel Franz hat den Regenschirm übrigens dann doch nicht mit nach Hause genommen, was jedoch in keiner Weise in kausalem Zusammenhang mit den fünf genossenen Bieren stand. Und als die Resi, die Kellnerin, beim Sperrstundmachen den Wirt dann fragte, wem „sei Schirm des leicht is?", antwortete der: „Des is dem Franzl da Sein da Ihr!"

Wenn sich der Knödel
mit der Soß' nicht ausgeht

Getränke, vor allem alkoholische, haben ja in der Regel ein fest-
stoffliches Äquivalent. Es handelt sich dabei gewöhnlich um
eine Speise, die eine oder andere Süßigkeit oder Knabberei.
So verlangt zum Beispiel ein Bratl in der Rein eindeutig nach
einem oder mehreren Begleitbieren. Auch ein Schnapserl zum
Abschluss erscheint unumgänglich. Zu feinem Rehbraten oder
einem auf den Punkt gegarten Rinderfilet ist ein Glas (oder eine
Flasche) Rotwein erster Güte zwingender Begleiter. Tee erfor-
dert Gebäck, Kaffee will je nach Gusto ein Stück Torte oder das
morgendliche Marmeladenbrot zur Seite gestellt bekommen. So
weit, so gut.

Ein in weiten Bereichen unseres Kulturkreises jedoch auftreten-
des Problem in vorliegender Kohärenz ist die mangelnde Syn-
chronisation der Komponenten. Und so geht sich dann – wie
sich der Innviertler zusammenfassend auszudrücken pflegt –
der Knödel mit der Soß' nicht aus.

Wir versuchen das Phänomen am Beispiel der namensgeben-
den Kombination Knödel/Soß' zu verdeutlichen. Ein beliebiges

Soßengericht, dem zur Begleitung traditionell ein Knödel bei-
gelegt wurde – es mag sich dabei um ein Gulasch oder ein Vier-
terl Ente handeln –, ist in seiner Hauptzutat mehr oder weniger
bereits verzehrt. Zumindest die äußerst geschmackvolle Soße
wurde genussvoll beseitigt. Dagegen ist der ebenfalls perfekt ge-
ratene Semmelknödel noch zur Hälfte anwesend. Der findige
Gast weiß Abhilfe. Er winkt der Bedienung, im besten Falle der
Chefin selbst, und bittet um „nu a weng a Safterl, wanns geht".

In gut geführten Häusern stößt man mit derartigen Sonder-
wünschen auf offene Ohren. „Soibstverständlich", hören wir,
„Sowieso" oder „Schee, wons schmeckt!". Und sogleich bringt
man uns eine kleine Sauciere mit wohltemperiertem Inhalt.
Den wir dann zusammen mit dem noch vorhandenen Knödel
genießen.

Wär' ja auch schad' drum gewesen. Nun stehen wir aber vor
einem neuen Problem. Der zitierte Restknödel hat sich aufs
Feinste mit der sämigen Flüssigkeit vereinigt und wurde seiner
endgültigen Bestimmung zugeführt. Lediglich von der guten
Soße ist noch einiges übrig. Blöd. Ob's noch möglich wäre, ein
Knöderl zu bekommen? Schon, gell – oder?

Nun, Sie ahnen es schon, ist die verbleibende Soße zu Ende genossen, liegt noch ein gutes Viertel Knödel auf dem Trockenen
und das Spiel beginnt von vorn. Der ewige Kreislauf des Lebens.
Es geht sich halt der Knödel mit der Soß' nicht aus.

Ähnliche Endlosschleifen können sich bei der Wechselwirkung
„Hunger/Durst" ergeben. Wir kennen das: Man hat sich eine
kleine Jause gerichtet und etwas zu trinken eingeschenkt.
Auf einem Brettl haben sich Speck, Geselchtes, ein bisschen

Käse nebst ein paar Gurkerln, Zwieberln und Radieschen zusammengefunden. Dazu genießen wir je nach Vorliebe ein Glas Wein oder Most, im Innviertel natürlich oftmals unser hervorragendes Bier.

Und wenn wir eben jenes Krügerl Bier geleert haben, stellen wir fest, dass da noch ein paar Scheiben vom Geselchten, ein Eckerl Käse und ein Stück Brot vor uns liegen. Na, das Bisserl räumen wir jetzt nicht mehr zurück in den Kühlschrank! Oder? Aber so ganz trocken, ohne Begleitgetränk? Ungemütlich.

Wir machen uns also noch ein Bier auf. Und schon sind wir in die Falle gegangen. Weil sich auch hier der Knödel mit der Soß' nicht ausgeht, bleibt uns garantiert am Ende der Jause eine nicht unerhebliche Menge Bier im Glas, die dringend nach feststofflicher Begleitung verlangt. Eine Kleinigkeit ist schnell aufgeschnitten und besagter Kreislauf erhält neuen Schwung.

Doch nicht immer muss Essen mit im Spiel sein. Das Phänomen wurde auch schon beim paarweisen Wirtshausbesuch beobachtet. Zwei befreundete Personen oder gar Eheleute sitzen also „beim Wirtn" und genehmigen sich ein paar Gläschen. Wir beschreiben den Vorgang am Beispiel zweier Bierliebhaber. Der Onkel Franz und sein Spezi, der Albert, kommen zufällig beim Eggerwirt vorbei und wollen sich dort „nu schnoi an Liter Bier kaufn".

Nachdem man eine geraume Zeit mehr oder weniger synchron bestellt und getrunken hatte, beschließen unsere Versuchspersonen, sich auf den Heimweg zu machen: „Was, zehne vorbei, jetzt gemma aber. Resi, zoin bitte!", bestimmt der Onkel. „Genau", stimmt ihm der Albert zu, „oba mir bringst nu gschwind a Seiterl. Wei da Franz hot's Glasl nu fast hoibvoi. I kann na jo ned aloa dringa lossn!"

Die Resi tut, wie ihr geheißen, und stellt dem Albert eine frische Halbe hin. „Geh, Resi, i woit do a Seiterl, mir san jo glei dahi!" Die Kellnerin, die ihr Geschäft versteht, behauptet sich verhört zu haben und meint scherzhaft, dass so ein Mannsbild schon noch eine Halbe vertragen würde. „Dann losstas hoit do", gibt der Albert nach und stößt mit dem Onkel Franz an. Der sitzt nun seinerseits alsbald auf dem Trockenen, während der Albert noch einen anständigen Schluck im Glas hat. Um diese asynchrone Lücke zu schließen, ordert er einen Pfiff. Die Resi bringt ihm umgehend ein Seiterl und legt sich wieder auf die Lauer. Sie kennt das Spiel.

Um zwölf ist dann immer Sperrstund' beim Egger und zwei schon etwas lustige Herren stellen auf dem Heimweg fest, „dass se heit scho wieder da Knödel mit da Soß' ned ausgonga is!"

Geografisches

Norden und Süden, Osten und Westen, das sind die jedermann geläufigen Haupthimmelsrichtungen, die wir gebrauchen, um anzugeben, wo etwas liegt, wohin wir uns bewegen. Die Innviertler Windrose sieht allerdings etwas anders aus.

Zunächst unterscheidet der Innviertler hauptsächlich zwischen „aufi" und „obi", also hinauf und hinunter. Auf den ersten Blick könnte man diese Angaben mit Norden und Süden gleichsetzen. Aber dazu später. Zusätzlich zu „aufi" und „obi" benutzt der Innviertler noch die Richtungsangabe „umi", will heißen hinüber. Man braucht kein Alexander von Humboldt zu sein, um in „umi" eine horizontale Bewegung zu vermuten. Zur genaueren Spezifizierung verfügt das relativ allgemein gehaltene „umi" über die Unterbegriffe „zuabi" und „dohne". Diese beiden Begriffe ins Hochdeutsche zu übersetzen, kann nur behelfsmäßig gelingen. Der erste meint eine Bewegung auf etwas hinzu, der zweite eine von etwas weg. Man ist versucht, dieses „zuabi" und „dohne" den Himmelsrichtungen Osten und Westen zuzuordnen. Das kann aber so nicht stimmen. Der Innviertler fährt oder geht nämlich „aufs Foid dohne" und „zum Hof zuabi". Und das tut er immer. Ungeachtet, in welcher geografischen Beziehung Feld und Hof zueinander stehen.

Doch zurück zu „aufi" und „obi". Diese Begriffe mit Norden und Süden zu vergleichen, ist ebenfalls falsch. Warum, ist schnell erklärt. Ziemlich genau in westlicher Richtung des Innviertels befindet sich die bayerische Hauptstadt München. Fährt man gen Osten, erreicht man Wien. Und was macht der Innviertler, wenn er diese beiden Metropolen besuchen will? Er fährt „noch München aufi" und „auf Weahn obi"!

Der Vollständigkeit halber seien in dieser Aufzählung noch die Begriffe „eini" und „aussi" erwähnt. Diese Richtungsangaben hat sich der Innviertler aus dem Tirolerischen entlehnt. Der Tiroler als typischer Schluchtenbewohner kennt nur diese beiden. Das nach allen Richtungen weltoffene Denken des Innviertlers ist ihm fremd. Wo er „noch Soizburg aussi foahrt", bewegen wir uns „auf Soizburg eini"!

Obi, aufi, umi, zuabi, dohne, eini und aussi – man sieht, der Innviertler denkt und bewegt sich in alle Richtungen und fährt nach den ihm eigenen Angaben, wohin er will. Allerdings, meistens bleibt er „dahoam"!

Über einen, der „dahoam" geblieben ist, und einen anderen, der das Weite gesucht hat, berichtet die folgende Geschichte. Sie ist bestens dazu geeignet, die relativen Ansichten des Innviertlers bezüglich seines Standortes zu verdeutlichen.

New York, New York

In der Nähe der Ortschaft Dorf an der Pram im Bezirk Ried befindet sich der Weiler Kleinreiting. Er ist – wie der Name schon sagt – eine kleine Ansammlung weniger Gehöfte. Dort ist der Habetsammer Matthias aufgewachsen. Und ist dort seine dreiundvierzig Lebensjahre auch nie wirklich weggekommen. Auf der Landwirtschaftsschule war er, aber die ist auch in der Nähe, sodass der Hias ein sogenannter Heimschläfer war. Also einer, der nicht im Internat der Schule logierte, sondern jeden Tag nach Hause fuhr. Notwendige Besorgungen in der Bezirkshauptstadt überlässt er bis heute seinen Eltern, mit denen er den Hof bewirtschaftet, der Hias bleibt lieber daheim. Seine kleine Welt ist ihm groß genug. Ganz anders verhält es sich bei seinem Kindheitsfreund Hans. Den Buben vom benachbarten Lechnerbauern hat es schon immer in die weite Welt hinausgezogen. So ist der Hans dann auch – nach einer Reihe kleinerer Fluchten, eine führte per Autostopp sogar bis Hamburg – im Alter von neunundzwanzig Jahren nach den fernen USA ausgewandert. Lange hat man nichts von ihm gehört, wenige Lebenszeichen deuteten jedoch darauf hin, dass der Hans sich mehr schlecht als recht eben so durchschlug im Land der unbegrenzten Möglichkeiten.

Daheim im Innviertel, der Hias ist gerade beim Stallausmisten, geschieht nun Außergewöhnliches. Der Postler hat einen dicken Briefumschlag für ihn, blau und rot gestreift an den Rändern. „Air Mail" steht drauf, und er ist tatsächlich an den Habetsammer Matthias junior adressiert. Absender: John Lechner, 7th Avenue, Greenwich Village, Manhattan, New York/New York. Dass es ihm leid täte, sich so lange beim besten Jugendfreund nicht gemeldet zu haben, schreibt er. Aber es wäre ihm halt peinlich gewesen, da er es bis vor Kurzem zu nichts gebracht hätte in der Fremde. Nun aber ginge es ihm bestens. Die Bäcker- und Konditorlehre in Ried habe sich ausgezahlt, der Hans verkauft den New Yorkern nun erfolgreich Apfelstrudel und Butterkipferl. So könne er es sich jetzt auch leisten, den Hias auf einen Besuch einzuladen, sämtliche Reise- und Aufenthaltskosten würden von ihm übernommen. Und weil der Hans richtigerweise annimmt, dass sein Freund noch kaum den elterlichen Hof verlassen hat und dieser ansonsten die Reise nicht bewerkstelligen könne, legt er ihm eine mehr als detaillierte Wegbeschreibung Kleinreiting–New York bei.

Der Hias zeigt die Routenplanung seinen Eltern, die anfänglich gegen die Reise waren und den Herrn Dechant um die Prüfung derselben bitten. Der Gottesmann war immerhin schon einmal in Rom. Nachdem die katholische Kirche das Vorhaben abgesegnet und Mutter Habetsammer Marschproviant für eine halbe Kompanie eingepackt hat, kann es losgehen. Und zwar streng nach dem genehmigten Plan. In aller Früh schultert der Hias den Rucksack und befolgt die erste Anweisung vom ausgewanderten Freund. Der schreibt: „Geh rüber nach Großreiting zum Roider Sepp, dass er dich mit seiner Maurersachs nach Dorf an der Pram zur Postbushaltestelle fährt." So reitet der Hias auf dem Packelträger vom Roiderbauern nach Dorf, nimmt dort das

Postauto nach Taiskirchen, wo er wie beschrieben in den 844er-Bus nach Ried im Innkreis umsteigt. Das alles hat der Hans im Internet für seinen Freund peinlichst genau recherchiert und sämtliche Abfahrtszeiten und -orte aufgeschrieben. Und diesen unverzichtbaren Zettel hält der Hias die ganze Reise fest in seiner Linken und lässt ihn nicht aus den Augen. So findet er auch in Ried den richtigen Bahnsteig und steigt zur richtigen Uhrzeit in den Zug nach Salzburg. Der fährt dankenswerterweise direkt zum Wolfgang Amadeus Mozart Flughafen, wo der Habetsammer Matthias wieder den Plan studiert. Da steht: „Geh zum Informationsstand" – das i-Zeichen hat der Hans dazugemalt – „und lass dich zum Schalter der Finnair bringen, dort habe ich deine Tickets hinterlegen lassen." Der Hias tut, wie ihm geheißen, und wird von den Angestellten der Finnair sicher ins Flugzeug gesetzt. In Düsseldorf, wo die erste Zwischenlandung erfolgt, wird er ebenso zuvorkommend an die Kollegen der American Airlines weitergereicht. Diese bringen ihn durch den Zoll (den Obstler und den Birnenmost aus Mutters Menage-Paket nimmt man ihm dort leider ab, auch das Taschenfeitel muss in Düsseldorf bleiben) und in das Anschluss-Flugzeug. Nach einem weiteren Zwischenstopp auf dem O Hare International Airport in Chicago/Illinois und einer Gesamt-Reisezeit von 32 Stunden 25 Minuten ist der Flughafen LaGuardia in New York City erreicht. Seinen Zettel mit den Reisedaten hat der Hias bis dato nicht aus der Hand und aus den Augen gelassen. Er dient ihm gleichsam als Führungsseil, ohne das er sich verloren fühlt und es wohl auch wäre. Und so befolgt er eine weitere Anweisung seines Freundes: „Lass dich von den American-Airline-Leuten zum Bus Q33 bringen und fahre damit bis zur Subway Station in Queens." Auch das funktioniert. Der Hias findet die U-Bahn Nummer 7 und fährt mit dieser durch den Tunnel unter dem Hudson River nach Manhattan, wo er am Times Square aussteigt. Hier, an der Ecke 42th Street und Broadway, nimmt er auf Geheiß des detaillierten Plans ein Yellow Cab und übergibt dem Taxler nebst abgezähltem Fahrgeld einen beigehefteten Zettel, der die Destination Greenwich Village, Ecke 7th Avenue und 14th Street angibt. Dort steigt er aus und geht – den Anweisungen folgend – noch zwei Blöcke die Siebte ins Village hinein und links in eine Nebenstraße. Dort nimmt er den zweiten Eingang, besteigt den Lift, schließt das altmodische Scherengitter, um es drei Stockwerke höher wieder zu öffnen (auch jetzt ist sein Blick immer noch fest auf den Zettel in seiner Hand geheftet), geht linker Hand den Flur bis zur vierten Tür mit der Aufschrift App 7B und betätigt den Messingknopf der Klingel. Drinnen hört man Schritte, darauf die Entriegelung zweier Schlösser, die Tür öffnet sich und da stehen sie sich gegenüber, der Habetsammer Hias und der Lechner John.

Nach einer verständlichen Schrecksekunde gibt man sich zuerst die Hand, um sich aber gleich darauf in die Arme zu fallen. Nachdem sie sich herzlich begrüßt und nach dem gegenseitigen Wohlbefinden erkundigt haben, fragt dann der amerikanisierte Hans seinen besten Freund aus Jugendtagen: „Und, sag einmal, jetzt hast ja schon einiges von New York gesehen vom Flughafen bis daher. Was sagst, wie findest sie denn, die Stadt? Toll, was?"

Und der Habetsammer Matthias aus Kleinreiting im Innviertel antwortet: „Jo, na, eh ned schlecht, eh ganz klass … aber halt sauber abglegn!"

Hier hat der Hias im Einstein'schen Sinne vollkommen recht. Aus Kleinreitinger Sicht ist New York tatsächlich ganz schön weit vom Schuss!

Über die vielfältige Bedeutung
von Redewendungen zum Zweiten

Wie in einem früheren Kapitel bereits erwähnt, versteht sich der Innviertler im Allgemeinen und der Onkel Franz im Besonderen darauf, sich nicht festzulegen. Das in verschiedenen Betonungen anzuwendende „Jo, na, eh!" ist dazu bestens geeignet. Es kann jedoch vorkommen, dass der Onkel damit nicht auskommt. Dass sein Kontrahent nachhakt, mehr wissen will. Dann greift der Onkel zu einer weiteren Geheimwaffe der Innviertler Sprachkunst. Er wendet die Doppelt- bis Mehrfachverneinung an.

„Nix Genaus woas ma ned!", pflegt er dann zu sagen, oder: „Do hot neamd nix ned gsogt!" Also: Nichts Genaues weiß man nicht. Müsste eigentlich bedeuten, dass man Ungenaues nicht weiß, was im Umkehrschluss wiederum nur heißen kann, dass man Genaues sehr wohl weiß. Und darüber hat dann also niemand nichts nicht gesagt! Jetzt hilft wohl nur noch, das Ganze wie eine Schlussrechnung zu kürzen, um auf ein Ergebnis zu kommen.

Also: Niemand hat nichts nicht gesagt heißt, niemand hat etwas gesagt oder jemand hat nichts gesagt, was nach meinem

Verständnis auf dasselbe hinauskommt. Wenn der Onkel Franz also antwortet: „Nix Genaus woas ma ned – do hot neamd nix ned gsogt!", bedeutet es eigentlich: „Ich weiß es genau, aber ich sage es dir nicht!" – Jo, na, eh!

Nachzusetzen wäre hier noch der immer wieder gerne gehörte Ausspruch eines meiner Lieblingswirte. Er sagte nämlich: „Bei mir hot nu nia koa Gost koa Bier ned kriagt!" Jetzt wird es schwierig. Wir übersetzen: „Bei mir hat noch nie kein Gast kein Bier nicht bekommen!" Wir fangen hinten an: Kein Bier nicht bekommen heißt, ein Bier schon bekommen zu haben. Also hat noch nie kein Gast ein Bier bekommen. Noch nie kein Gast wiederum heißt jederzeit jeder Gast. Will sagen: „Bei mir bekommt jeder Gast jederzeit ein Bier!" War aber eh klar, oder?

Dieser verbalen Guerillataktik des Innviertlers steht man macht- und chancenlos gegenüber – versuchen Sie es erst gar nicht! Nia ned!

Er legt sich also nicht gerne fest, der Innviertler. Auch erkennt man bei näherem Hinhören, dass die Wortwahl in manchen Aussagen dazu geeignet ist, Verantwortungen von sich zu weisen. Niemals lässt der Innviertler etwas fallen, wirft etwas hinunter. Nein, „dös is obigfoin" oder „es is mir aus der Hand grutscht" hören wir. Also ES (die Kaffeetasse, der Teller, was auch immer) ist hinuntergefallen. ES beschloss, sich meinem Zugriff zu entziehen, aus meiner Hand zu rutschen. Das mag jetzt spitzfindig anmuten. Tatsache ist aber dennoch, dass Sie nie die Formulierung „Ich habe es hinuntergeworfen – Ich habe es fallen lassen" hören werden. Aber was soll's (wie meine liebe Mutter gern relativiert): 'S hat eh schon an Sprung ghabt!"

Auch in folgendem Beispiel wird klar, wie wir uns hierzulande in unserer Wortwahl Verantwortungen stellen. Wird dem Innviertler eine Aufgabe übertragen, soll er dieses oder jenes bis zum Ende der Woche oder bis morgen etc. bewerkstelligen oder erledigen, bringt es jedoch nicht zeitgerecht zustande, könnte folgerichtig gesagt werden: „ICH habe es nicht rechtzeitig geschafft." Wir aber formulieren (unter Vermeidung des Wortes ICH): „ES ist SICH nicht ausgegangen!" Tausend Gründe können hier vorliegen, dass ES SICH nicht ausgegangen ist. ES – also die Sache an sich – ist gescheitert, nicht wir. Wir tun also so, als hätte die gestellte Aufgabe es bereits in sich getragen, sich nicht auszugehen. Als hätte man von uns verlangt, einen Elefanten in ein Marmeladenglas zu packen. Und das ist sich dann halt nicht ausgegangen.

Wie schon nach unserem ersten Ausflug in die Eigenarten der Innviertler Sprache kehren wir zurück zum Onkel. Folgende Unterhaltung hat wortwörtlich so, wie ich sie niedergeschrieben habe, stattgefunden und ich denke, jeder, der bereits einmal Zeuge ähnlicher Konversation geworden ist, wird mir dies gerne glauben. Und falls Sie Gespräche dieser Art noch nie belauscht haben, holen Sie das nach. Gehen Sie auf den Wochenmarkt, treiben Sie sich in der Nähe von kleineren Baustellen der Gemeinde herum und suchen Sie die Gesellschaft von Pensionisten. Auch ein Arztwartezimmer oder ein Kaffeegeschäft mit Stehausschank verspricht reiche Beute.

Unterhaltung

Am Mittwochvormittag geht der Onkel Franz immer auf den Markt. Kaufen will er zwar nichts, „oba schau hoit", wie er sagt. Der Onkel ist pensioniert, er hat Zeit. Nein, Zeit hat er eigentlich keine. Sein Pensionistenalltag ist dermaßen ausgefüllt, dass er sich oft wundert, „wia i do früher überhaupt Zeit zun Oabeitngeh ghobt hob!"

Heute geht er also auf den Markt, „Standl schau". Dann trifft er den ehemaligen Arbeits- und nunmehrigen Pensionistenkollegen Albert. „No, Albert, schaust a aweng, wos' so gibt?" – „Eh oiwei am Mittwoch, Franzl", antwortet der Albert dann immer. Später, bevor man zum Mittagstisch heimkehrt, werden sich die beiden in einem gemütlichen Stadtplatzgastgarten „nu a Hoibi kaufn", „wia oiwei hoit". Heute jedoch erfährt der übliche Ablauf eine Änderung. In der Palmstraße, die parallel zum Stadtplatz hinter dem Rathaus verläuft, wird aufgegraben. Der Onkel Franz, der dort immer sein Radl parkt, erzählt das dem Albert und man beschließt, „se des anz'schaun".

Am Ort der Attraktion angelangt, nehmen der Onkel und der Albert Aufstellung am Grubenrand. Die Hände am Rücken verschränkt, den Kopf leicht vorgeschoben. Sie sind die ersten Schaulustigen, andere werden folgen, so viel ist sicher. Heute ist Mittwoch.

Drei Männer der Stadtgemeinde arbeiten an dem zirka zwei Meter langen, eineinhalb Meter breiten und ebenso tiefen Graben. Das heißt, arbeiten tut eigentlich nur einer, der im blauen Overall. Mit einer Schaufel bearbeitet er, im Loch stehend, den Boden der Grube. Der Orangegekleidete steht – auf eine Spitzhacke gelehnt – am Rand des Aushubs. Raucht. Gibt Anweisungen. Der Dritte, Jeans, weißes Hemd und Sonnenbrille, beaufsichtigt. Er hat den Plan. Die beiden anderen haben keinen Plan.

„Kanal", stellt der Onkel Franz fachmännisch fest, „an Kanal grobn s'." – „Moanst?", zweifelt der Albert. „Mir schauts eher noch Kabifernsehn aus, i moa, der mit'm Plan is da Ding, woast scho, da Ding vo de Stodtwerke!" – „Bauobteilung", beharrt der Onkel auf seiner Version, „vo da Bauobteilung is a. An Kanal grobn s'!" – „Bei mir hobns letzts Joahr scho's Kabifernsehn glegt, des hot a so ausgschaut", lässt sich der Albert nicht beirren, „zwoaradreißg Kanäle, des is scho wos!" – „Mir reicht oa Kanal, woa eh teia gnuag. Vorher homma a Gruabn ghobt, is a gonga. Und Kanalgebühr kosts jetzt a", beschwert sich der Onkel. „Fernsehgebühr zoi i ned", gibt der Albert zu, „nur de Gebühr vo de Stodtwerke, fürs Kabifernsehn hoit." – „Und dann is a eh dauernd amoi vastopft oda sunst wia hie, dann reißn s' wida auf, dauernd homma a Baustoi!" – „Da Empfang is oba tadellos", sagt der Albert, „bis aufm Siebna, der griaslt a weng."

Ein weiterer Kiebitz trifft ein, stellt sich in gleicher Haltung dazu. „Da schau her, legn s' jetzt endlich de neie Wossaleitung. Is eh Zeit woan!" Der Neuzugang ist anscheinend Anrainer, er kennt sich aus. „Mit de oidn Rehrln, des war ja nimma zun megn. Nia war a gscheida Druck drauf, beim Brausn hots oft nur a weng tröpfet, grod wonnst di eigsoafigt host!" – „No, dann san S' jetzt froh, dass' an neichn Kanal griagn. Da Gruabndienst kost eh a ganz schee", meint der Onkel Franz. Der Albert wendet sich ebenfalls an den Neuling. „De ORF-Gebühr is eh a ned wenig. Und des für zwoa Sender. Obwoi, de drei Deitschn homma jo a einagriagt. Oba werdn S' sehn, da Eurosport oder da RTL, des werd Eahna daugn!" – „Wo i vorher gwohnt hob", antwortet dieser, „– is scho vierzig Joahr her –, da homma überhaubts bloß an Brunnen ghobt, zum Pumpn. Mit de Küben hommas ins Haus trogn miassn und gwoschn homma uns aus da Schüssl!" – „No", meint der Onkel, „da wearts a a Gruabn ghobt hom, jetzt griagts an Kanal, des is glei wos Gscheits." – „Mit oana Schüssl", nimmt der Albert den Faden auf, „mit oana Schüssl, des homma uns a amoi überlegt. Da host dann über hundert Kanäle! Oba san ma uns ehrlich, wos brauch i an chinesischen Fernsehsender, oda an ägyptischn?!" – „In Ägyptn", weiß der Anrainer, „da miassn s' de Foida nu häntisch bewässern, de watn froh, wanns a Wossaleitung hätten, wias mir jetzt do griagn."

Der Herr mit dem weißen Hemd, der gerade noch mit seinem Handy telefoniert hatte, wendet sich nun an die drei Pensionisten. „So, meine Herren, jetzt müssts a bissl auf d'Seitn geh, damit die Kollegn von da Stadtgärtnerei den neichn Baum einsetzen kinnan!"

„Is scho recht", antwortet der Onkel Franz, „kim, Albert, gemma – gsegn hommas!"

Vom Stadtplatz und seinen Attraktionen treibt es uns nunmehr wieder ins Wirtshaus – zu den Stammtischen. Im Folgenden sollen nun auch Helden des Alltags zu Wort kommen, denen man nicht oft oder nur ungern zuhört. Phrasen, die immer wiederkehren, Ansichten, die nicht die unseren sind, und ein Verharren in stereotypen Verhaltensweisen begegnen uns da. Ein Schmoren im eigenen Saft sozusagen. Und dennoch, auch sie gehören zum Biotop Wirtshaus, zur Spezies Gast. Und so wäre es sträfliche Vernachlässigung, sie nicht in die Reihen derer aufzunehmen, die uns einen Eindruck von Zeit und Ort vermitteln sollen. Daher nun Vorhang auf für Wickerl und die starken Männer!

Woastas nu?

Ein Stammtisch besteht meistens aus mindestens vier Personen, sechs bis acht sind eher die Regel. Es gibt auch noch größere. Oder ganz kleine. Über diesen eher seltenen Typus des Zweier-Stammtisches möchte ich nun hier berichten.

Der Wickerl und der Erich kommen dreimal die Woche zum „untern Wirt". „Do foahrt da Zug drüber!", sagt der Wickerl. Der Erich sagt das auch. Überhaupt sagt der Erich meistens das, was der Wickerl sagt. Der Wickerl und der Erich arbeiten im selben Betrieb im Schichtdienst. Der Schichtführer der beiden nimmt bei der Einteilung derselben Rücksicht auf den Stammtisch. Do foahrt da Zug drüber!

Auch heute sitzen sie wie immer auf ihrem Stammplatz. Am Kopfende des langen Tisches hinter der Garderobe am Eingang. Der Wickerl mit Blick auf die Gaststube, ums Eck zu ihm der Erich mit der Garderobe im Kreuz. So kann er dem Wickerl bequem die „Kronen Zeitung" reichen, die da neben der „Bezirks-Rundschau" hängt. Dieser legt das Blatt dann vor sich hin, leicht schräg, damit der Erich auch etwas sieht. Der Wickerl übernimmt das Umblättern. Titelseite: Finanzskandal, ein Minister ist beteiligt. Nach heftigem Gestikulieren, mit dem Zeigefinger auf die Schlagzeile trommelnd – dabei sagt er „Do!" und mit Blick auf den Erich „Ha?" – „Do! ... ha?" –, fällt er schließlich sein Urteil: „A so eine Sauerei!" – „Wost recht host, host recht!", stimmt ihm der Erich zu.

Seite zwei: In England ist eine Dame mit ihrem Pkw in eine Baugrube gestürzt. Blieb Gott sei Dank unverletzt. „Do! ... ha? ... do! ... ha?" Mit dem Handrücken streicht er über die Seite, als wolle er die Buchstaben wegwischen. „Weiber!", lautet sein Resümee. „Wei-ber!" – „Des konnst laut sogn!", sagt der Erich dann laut. So oder so ähnlich wird mit jeder folgenden Seite und Meldung verfahren, dazwischen das Krügerl Bier geleert, das eine oder andere Schnapserl.

Dann Seite sieben. Das tägliche Aktfoto. Melanie aus Graz. Studiert Veterinärmedizin. Will Fotomodel werden. Der Wickerl betrachtet die Schöne, ist zuerst scheinbar sprachlos und verkündet dann nach langem Deuten auf die Abfotografierte, auf den Erich und sich selber: „Je-der-zeit!" „Jederzeit" soll heißen: „Sie do – wann de jetzt do einakamat ... dat i ned Na sogn!" Der Wickerl würde also ein eindeutiges erotisches Angebot, das ihm die Schöne zweifellos machen würde, je-der-zeit annehmen.

„A so a Luada oba a!", sagt dann auch der Erich. Damit ist der amouröse Teil des Abends eingeleitet. „Woastas nu, Erich, '97 in Thailand, ha?" – „Freili woas is nu, des war a Viecherei!" Ein tierisches Vergnügen also, antwortet der Erich. „Und de thailändischn Dirndln", fährt der Wickerl fort, „ganz anderst wia de Unsern, woastas nu?" Mit „de Unsern" meint er nicht etwa ihre Ehefrauen oder Freundinnen, sie haben nämlich weder das eine noch das andere. Beide Mitte vierzig, schon gemeinsam die

Schulbank gedrückt (woastas nu?), sind sie überzeugte Junggesellen. Wie ginge sich sonst drei Mal die Woche ein Stammtisch aus? „Koane, de meutert, wann i um viere vom Wirtn hoamkim, wann i ma dann nu a Hoibe zum Schlafngeh aufmach, mia homs scho guat, wos, Erich?" – „A sowieso", sagt der Erich dann immer, „wost recht hast, hast recht, Wickerl!" – „Und woastas nu", nimmt dieser den Faden wieder auf, „wia uns da des thailändische Bier so gschmeckt hot, ha?" – „A freili", antwortet der Erich, „da Duarscht is wos Grauslichs!" Damit meint er, dass der Durst etwas Schönes sei, respektive das Löschen desselben.

„Oder wia ma amoi bein Willi im Keller woan – wia uns da Wein a so gschmeckt hot? Woastas nu, ha? – A freili, bsundas da Rote, goi! – A, da Weiße fei scho a! – Sowieso, nach dera Kistn Bier war des vom Gschmack her a Obwechslung. – Aufgführt homma uns, woastas nu? – A freili, und wia! – Sowieso, a Gaudi muass a sei! – Do is uns fei scho sauba guat gonga!" Damit meinen die beiden, dass es ihnen eigentlich gar nicht mehr gut gegangen ist. Aber wie gesagt, „a Gaudi muass a sei, oft kannst ned aus!"

Und so treffen sich der Wickerl und der Erich drei Mal die Woche „beim Wirtn", um die Erinnerung an gemeinsame Heldentaten aufzufrischen.

Heut gemma zum Wirtn!

„Heut gemma zum Wirtn!", sagt der Fredl. Das sagt er immer am Donnerstag. Der Donnerstag, das ist jener Tag, wo der Fredl immer zum Wirtn geht. Gut, er geht auch schon mal am Mittwoch oder am Freitag zum Wirtn, aber am Donnerstag – „des is fix" – da ist er immer zugegen.

Zuhause macht er sich noch ein Paar Frankfurter oder einen Toast, weil zum Wirtn geht er nicht des Essens wegen. Essen geht er selten und wenn, dann zum Italiener – auf eine Pizza – oder zum Chinesen. Zum Wirtn geht er wegen der Unterhaltung. Es ist kein Stammtisch im eigentlichen Sinne. Es ist eigentlich gar kein Tisch. Der Fredl sitzt an der Schank.

Die Schank im Zentrum des Wirtshauses (da, wo man noch rauchen darf) ist der kommunikative Mittelpunkt des Lokals. Davor, da, wo der Gast – also der Fredl – sitzt, eine Art Bar, dahinter geschäftiges Treiben. Die Kellnerinnen zapfen Biere, die Registrierkasse – ein veritabler Computer – wird bedient, dahinter der Eingang zur Küche. Ab und zu, wenn er Zeit hat, streckt der Wirt seinen Kopf daraus hervor. Später, wenn die meisten Gäste in den Stuben ihr Essen bekommen haben, kommt er ganz heraus. Steht dann hinter der Schank, genehmigt sich ein Seiterl oder Achterl (oder zwei) und unterhält sich mit seinen Stammgästen.

Mit dem Fredl oder dem Gerhard, der am Donnerstag auch immer da ist. Der Gerhard hat auch daheim schon gegessen, später kauft er sich vielleicht noch ein Käsbrot. Die Kellnerinnen haben jetzt auch schon ein bisserl Zeit, sich den Gästen an der Schank zu widmen. Es ist nun ungefähr halb elf und die Gaststuben haben sich bereits geleert. Es wird gemütlich.

Der Gerhard und der Fredl sind mittlerweile zu Weinkennern avanciert. Der Wirt – der sich nun wirklich auskennt – hat einen Blaufränkischen aufgemacht. „Den hob i nei", verkündet er, „Burgenland, gons wos Guats!", und spendiert eine Runde. Der Gerhard spült sich vorher noch kurz fachmännisch den Mund mit Bier aus und verkostet. „Eh ned schlecht", meint er, „a wenig z'koit hoit." – „Der ghert a so!", konstatiert der Wirt und alle nicken. „Dahoam hob i an Spanier ausm Rioch, woast scho, so an Karton – fünf Liter – mit ana Pipn, praktisch und guat is a a!", sagt der Gerhard und bestellt sich bei der Jacqueline, der Kellnerin, ein Weißbier. „Wei zum Käsbrot", erklärt er, „do brauchts a Weißbier!"

„Viertl noch oife", verkündet der Fredl, „Zeit zum Hoamgeh!" und bestellt sich noch ein Viertel. Jetzt wird diskutiert: über die lokale Politik, die EU und „wos de jetzt wida fia an Bledsinn vorhabn" sowie über den Benzinpreis und die Entwicklung an den internationalen Börsen. Die Jacqueline fragt, ob irgendwer günstige Winterreifen für ihren Renault Clio besorgen könne, und der Gerhard meint, „dasse de do oben sowieso oiwei richtn". Alsdann wird noch über das Rauchverbot geschimpft und der Fredl findet, dass die eben konsumierten Debreziner nach einem Schnaps verlangen. Die bestellte Marille wird serviert, der Wirt preist seinen selbst angesetzten Nussschnaps an und bringt ihn zur Verkostung. Dann schneidet er noch etwas Geselchtes auf.

Der Gerhard, der schon immer ein Auge auf die Jacqueline geworfen hat, verspricht ihr gerade, morgen beim Aufbau der neu erworbenen IKEA-Möbel zu helfen, während der Fredl, der soeben zum siebten Male von der Toilette zurückkommt, verkündet, „dass ma heit ned so schnoi hoam gengan!"

Letztlich tritt er dann doch – es geht auf halb eins zu – mit dem Gerhard den Fußweg nach Hause an. Der Wirt, der sich nun auch schon nach dem Bett sehnt, räumt mit der Jacqueline noch etwas auf und sperrt die schwere Haustüre hinter den Stammgästen zu.

Anderntags wird der Fredl – von den Arbeitskollegen befragt, wo er denn gestern gewesen sei – sagen: „Ah mei, a weng beim Wirtn hoit!"

Wie der geneigte Leser wohl erkannt hat, handelte es sich bei vorangegangenen Protagonisten nicht um Vertreter der Generation des Onkel Franz, eher um die seiner Neffen. Doch auch unter des Onkels Altersgenossen findet sich immer wieder der eine oder andere, der in oben beschriebene Schemata passt. Nicht immer ist jeder, der irgendwann Zugang zum Stammtisch erlangt hat, auch wirklich willkommen. Aber was soll's. Manche duldet man, manche erträgt man und wieder anderen versucht man mit dezenten Hinweisen, die sich oft des Stilmittels der Satire bedienen, klarzumachen, dass ihre Anwesenheit von der Mehrheit als störend empfunden wird. Kommt nur oft beim Adressaten nicht wie gewünscht an. Denn wie schon einer der großen Philosophen des Innviertels zu sagen pflegte: „Es nützt nix, wennst einem Depp sagst, dass er einer is. Weil er weiß es ja nicht. Wenn er's wüsst, dann wär er ja keiner!" Womit wir wieder beim Onkel und einem seiner zahlreichen Stammtische angekommen wären.

Leitkultur

„Des kann ja bitte ned sei", sagt der Gernot, „dass se de do mit eahnane Bräuch do bei uns broat mochn!" Der Gernot ist Stammtischzaungast. Also eigentlich kein Mitglied vom Stammtisch des Onkel Franz. Er setzt sich halt des Öfteren so dazu. Freude hat die Runde nicht mit dem Gernot. Aber was soll man machen, er ist halt da. Schon zwei Mal haben der Onkel und seine Freunde den Tag der Zusammenkunft verlegt, ein Mal sogar den Wirt gewechselt. Aber der Gernot, der findet sie immer wieder.

„So wad a jo ned zwida, da Gernot", sagt der Onkel Franz, „oba sei Gredat, seine Ansichtn hoit, de brauch i ned am Stammtisch." Und jetzt hockt er halt wieder da, der Gernot, und er schimpft.

„Is jo wahr", beginnt er, „mia hom jo schließlich unser eigene Kultur, unser christlich-obendländische, ned wahr, und dann kammatn de daher und dadatn gons ondast!" Man rückt etwas ab, schaut in die andere Richtung, aber der Gernot ist nicht zu bremsen. „Wann i s' nur siag auf da Straßn, gons vermummt, dass nur d'Augn aussaschaun! Mir hom de unsan Bräuch, sog i, und de fremden brauch ma ned!"

Der Onkel möchte etwas erwidern, den Gernot etwas zügeln, aber der ist schneller: „Wos bitte dadatn de sogn, wann mir bei eahna okammatn, ned, und sogn ma moi zum Beispui Martini feian datn oder Erntedank? Ha? Moanst, dass eahna des passat, ha?"

„Jetz, Gernot", meint der Albert, „jetzt reg di hoit ned so auf, so schlimm is' dann a wieder ned." – „Wos", dreht der Gernot auf, „ned so schlimm? I lass mir des Fremde ned aufdränga! Mir hom unser Leitkultur, unser österreichisch-christliche, und des Heidnische, des hat da nix zum suacha! Daweist schaust, stehngans vor deiner Tür und zwingan da eahnan Gauben auf! Sog soiba, Franzl", wendet er sich an den Onkel, „hob i ned recht?"

„Sowieso", stimmt der ihm zu, „hast scho recht, Gernot, i mogs a ned, des blöde Halloween!"

Eben geschildertes Beispiel hat gezeigt, dass die Zusammensetzung eines Stammtisches nicht immer bis ins letzte Glied ideal sein muss. Der Entstehungsprozess eines Stammtisches ist eben ein schwer fass- und erklärbares Phänomen. Auf den folgenden Seiten versuche ich dennoch, es zu beleuchten.

Wie entsteht ein Stammtisch?

Wir unterscheiden hier grundsätzlich zwischen zwei möglichen Varianten. Zum einen der geplante, der ausgemachte Stammtisch: Mehrere Herren kommen überein, einen Stammtisch zu gründen, und setzen diesen ihren Plan in die Tat um. Zum anderen der zufällig entstandene, gewachsene Stammtisch. Die erste Variante können wir hier unbeachtet lassen, da es sie praktisch gar nicht gibt. Sie funktioniert nämlich nicht. Zumindest nicht im Innviertel. Und wenn doch, dann ist ein solcherart entstandener Stammtisch von äußerst kurzer Lebensdauer.

Wenden wir uns also der zweiten Möglichkeit zu: dem „gewachsenen" Stammtisch. Wie der Name schon sagt, wächst hier etwas heran, gedeiht sozusagen, wenn die Umstände günstig sind. Wir stellen uns eine typische Innviertler Gaststube vor. Es ist Sonntagvormittag, ein idealer Geburtstermin für einen Stammtisch. Die Gäste treffen in kleineren Gruppen ein: zu zweit, oft allein, selten zu dritt. Aufgrund der begrenzten Anzahl der Tische in unserer Gaststube (es sind nur vier oder fünf, dafür darunter einige längere) kann nicht jede der Gruppen oder Einzelpersonen einen Tisch für sich allein beanspruchen. So tritt zum Beispiel ein einzelner Herr an einen der längeren Tische heran, der bereits von zwei anderen besetzt ist. Sodann spricht er die hierfür vorgesehene gesellschaftliche Formel aus: „Gehts da nu?" Dieses „Gehts da nu", also ob es hier noch ginge, ob noch Platz frei wäre, muss nicht unbedingt mit einem Fragezeichen enden, je nach Anlass kann es auch mit einem Punkt, einem Ruf- oder gar keinem Satzzeichen ausgesprochen werden. Der Fragesteller, sofern hier überhaupt eine Frage vorliegt, erwartet auch nicht zwingend eine Antwort. Ein Kopfnicken gilt ihm als Zustimmung, ein „Eh" als freundliche, ein „Sowieso" als herzliche Aufforderung, Platz zu nehmen. Bei einem direkt und mit Augenkontakt an ihn gerichteten „Selbstverständlich" neigt der Innviertler zur Vorsicht. Er hat es dann mit ziemlicher Sicherheit nicht mit Hiesigen zu tun.

Unsere Versuchsperson bekommt jedoch ein freundliches „Eh" retourniert und nimmt Platz. Von Konversation kann man in der Folge noch nicht sprechen. Am nächsten Sonntag wird er dann woanders sitzen, am darauffolgenden wieder bei den beiden Herren am langen Tisch. Am vierten Sonntag verzichtet er zum ersten Mal auf das übliche „Gehts do nu". Stattdessen klopft er im Hinsetzen nur kurz mit den Fingerknöcheln auf die Tischplatte und sagt „Griaß eich". Man ist nun also offiziell zum Du übergegangen. Nicht, dass man sich vorher gesiezt hätte, aber eben auch noch nicht explizit geduzt. Auf ähnliche Weise kommt ein Vierter hinzu, die anfänglich eingehaltenen Abstände am langen Tisch schrumpfen von Mal zu Mal, man rückt zusammen. Ein Stammtisch ist geboren.

So oder so ähnlich ist der Sonntagsstammtisch vom Onkel Franz beim Brunnerwirt entstanden. Für die folgende Geschichte sei noch die geografische Lage des Brunnerwirts erklärt. Es handelt sich dabei nicht um einen Dorfwirten, der sich in zentraler Lage

im Ortskern befindet, sondern um eines der zahlreichen Innviertler Gasthäuser, die etwas außerhalb – auf halber Strecke
zum Nachbarort – liegen. Hier hatte nun also der Onkel jeden
Sonntagvormittag seinen geliebten Stammtisch. Anfangs wie
schon erwähnt zufällig entstanden, hatte er sich zu einer fünfzehn Jahre dauernden Institution entwickelt. Man war sich im
Laufe der Zeit nähergekommen, zwischen den vier Herren hatte
sich eine echte Freundschaft entwickelt. Hätte der Onkel solche
Wertungen überhaupt vergeben, hätte er seine drei Stammtischbrüder wohl sogar seine besten Freunde genannt.

Nun jedoch, nach fünfzehnjähriger allsonntäglicher Stamm-
tischseligkeit, geschah Schreckliches. Der Brunnerwirt verstarb.
Sein Tod an sich, so unerwartet er kam, war furchtbar, furchtbar jedoch war auch die Tatsache, dass der Onkel sozusagen
über Nacht seines geliebten Stammtisches beraubt wurde, da
das Wirtshaus geschlossen wurde. Das traf ihn hart. Als ge-
lernter Innviertler grantelte er wochenlang herum. Besonders
schlimm war es natürlich sonntags. Nichts passte ihm mehr.
Der Sonntagsbraten der Tante, zu dem er sonst immer eine
halbe Stunde zu spät, aber freudig vom Stammtisch heimkehr-
te, hatte seinen Geschmack verloren. Die darauf folgende Ver-
dauungsruhe auf dem Wohnzimmerdiwan brachte ihm keine
Entspannung mehr. Kurzum, er war kaum auszuhalten. Bis es
der Tante zu bunt wurde: „Woast wos, Franzl, jezt reichts ma
boid. Oiwai bist grantig, bsundas am Sunntog! Hob i da wos do?
Wos feit da denn?" Ob ihm etwas fehle, wollte sie also von ihm
wissen, obwohl sie natürlich ganz genau wusste, was ihm ab-
ging. Doch hätte sie es zur Sprache gebracht, dass der fehlende
Stammtisch gar so schwer auf des Onkels Gemüt drückt, er hätte es rundheraus abgestritten. So musste also er mit der Sprache
herausrücken: „No mei, wegan Stammtisch hoit. Der geht ma

scho sauba ob!", vertraute er sich seiner Gattin an. „Es werds ma
a paar so Deppn sei, du und deine Freind", schimpfte darauf die
Tante, „es werds eich doch an ondan Wirtn für eichan Stammtisch findn, ha? Stattdessn bist wochalong grantig!"

Solcherart von seiner Gattin gescholten, musste der Onkel Franz
nun zugeben, dass er trotz fünfzehnjähriger allsonntäglicher
Stammtischkameradschaft von seinen drei besten Freunden
weder Nachnamen, Adresse noch Telefonnummer wusste! Es
war ihm also gar nicht möglich, sie zu kontaktieren, und so ähnlich muss es den drei anderen wohl auch ergangen sein.

In der Folge hat der Onkel nun – nicht zuletzt auch auf Anraten
seiner Gattin – zur üblichen Stammtischzeit die umliegenden
Gasthäuser aufgesucht. Nach einem Dreivierteljahr hat er sie
dann beim Eggerwirt gefunden! Jetzt ist er wieder glücklich, der
Onkel. Jedoch wünschen wir dem Eggerwirt ein langes, geseg-
netes Leben, denn sollte auch er uns verlassen, bin ich mir sicher,
dass der Onkel wieder vor demselben Dilemma stehen würde.

Der Stammtisch des Onkels hat sich also glücklich beim Eggerwirt wiedergefunden. Beim Eggerwirt finden wir aber auch
noch ein Phänomen der Innviertler Wirtshauslandschaft: das
Faktotum. Den Einzelsitzer. Den sozusagen zum Inventar gehörigen Stammgast. Den Hans. Also beim Eggerwirt heißt er
Hans. Anderorts ist es vielleicht der Lois. Oder der Erwin. Gemeinsam ist ihnen jedoch ihre Art. Wie gesagt, ein Einzelsitzer.
Ab und zu winken ihm die anderen, rufen ihn an ihren Tisch.
„Geh weida, Hans, sitz di umma!" Da winkt er aber meistens
ab, der Hans. „Ah na", sagt er oder „Passt scho" oder „Heit ned".
Es besteht aber auch – wenn auch selten – die Möglichkeit, dass
einer der Stammgäste ebenfalls allein das Gasthaus betritt und

mit den Worten „Gehts bei dir nu, Hans?" beim Hans Platz nimmt. Alsdann bestellt sich der Neuankömmling eine Halbe, prostet dem Hans wortlos zu und nimmt einen Schluck. Nachdem er sich mit dem Handrücken den Mund abgewischt hat, beginnt er die Konversation. „Soda, was geht den oiwai so bei dir, Hans, ha?" Viel sagt er nicht drauf, der Hans, man versteht ihn auch schwer, sehr leise murmelt er: „Geht scho." Dabei verschluckt er die Hälfte. Manche behaupten, es wäre eher ein Grunzen oder schweres Atmen, keine Worte. Manche glauben auch, der Hans sei etwas „einfach gestrickt", etwas langsam im Geist sozusagen. Ich bin mir da aber keinesfalls so sicher.

Auf jeden Fall, die Unterhaltung der beiden verläuft recht einseitig, gerät sozusagen zum Monolog. Der Neuankömmling wirft einige Themen auf, stellt ein paar rhetorische Fragen, der Hans antwortet entweder gar nicht oder sparsam, ab und zu sagt er: „Ah so" oder „Ah geh" oder „Woas ned". Viel mehr kriegt der Frager nicht aus dem Hans heraus. Darum gibt er es vorerst auf und greift zur kleinformatigen Tageszeitung. Kommentiert verschiedene politische Schlagzeilen mit Kopfschütteln oder gemurmelten Unmutsäußerungen wie „Is eh klar, de do oben, die kinnans es ja richtn!" oder „Und wer zahlts wieder? Na mir!". Er blättert um.

Ein Bericht über Verfehlungen katholischer Würdenträger in höchsten Ämtern. Zwar nicht sehr kritisch – das entspräche nicht der Blattlinie –, aber immerhin, finanzielle Verstrickungen des Vatikans mit der italienischen Mafia werden angedeutet und verschiedene „Zölibatskompensationen" eingeräumt. Das muss unser Gast sofort mit dem Hans besprechen. „Host du des gsegn, Hans? A soichane Saubärn! A grod de, de oiwai d'Nächstenliebe predign, und d'Enthaltsamkeit! Was sogst jetzt du do dazua, ha, Hans?" – „Jo mei …", sagt der Hans und schaut versonnen in sein Bierglas. „Is jo woar", fährt der andere fort, „uns oiwai mit da Moral kemma, ha, und soiba, ha, gottesfürchtig is des fei ned!" – „Eh …", sagt der Hans. Der Zeitungsleser fährt fort, jetzt schon ein bisserl in Rage: „Und woast, wos i mi frog, Hans, woast, wos i mi frog? Vorm Jüngsten Gericht fiachtn se de leicht ned, ha? Wann s' zum Chef aufi miassn, zum Rechnschaft ablegn, wos' ois angstellt habn?" – er deutet dabei auf den Zeitungsartikel –, „vorm Höllenfeuer, ha, vor der Strafe Gottes, vor oi dem fiachtn se de ned? Grod de? Konnst ma du des erklärn, Hans, ha?"

„Jo mei", beginnt der Hans, den leicht wässrigen Blick in die Ferne gerichtet. Er denkt nach. Dann nimmt er einen kräftigen Schluck von seinem Bier, wischt sich anschließend mit dem Hemdsärmel den Schaum aus dem Schnauzbart und sagt: „Jo mei … vielleicht glauben s' jo ned dran."

Und so ist – scheinbar zufällig – die Überleitung zum nächsten Objekt unserer Betrachtungen gelungen. Die Rede ist vom Klerus. In der Mehrheit katholisch, ist man im Innviertel der Kirche mehr oder weniger verbunden. Wie die vorangegangene Geschichte erkennen ließ, stehen zwar manche dem Vatikan und der hohen Geistlichkeit skeptisch gegenüber, der örtliche Pfarrer genießt jedoch meist Ansehen und Respekt. Man lässt die Kirche sozusagen im Dorf. Und man besucht sie auch. Zu Hochzeiten oder Taufen etc. sowieso, am Sonntag als Vorstufe zum Frühschoppen oder bei traditionellen Anlässen wie zum Beispiel der Palmweihe. In manch sehr kleinem Ort ist das Quartett Bürgermeister, Pfarrer, Gemeindearzt und Dorflehrer ohnehin der Inbegriff des Stammtisches. Und an eben einem solchen trug sich folgende Unterhaltung zu.

Zu oben erwähntem Quartett gesellten sich dabei noch der örtliche Baumeister und der Tierarzt des kleinen Marktes. Hauptthema war die neue Sauna, die auf Initiative des Bürgermeisters im Keller des Gemeindeamtes errichtet wurde. Nicht sehr groß, aber nach einer gerecht erstellten Einteilung für jedermann nutzbar. Und so schwärmten nun die anwesenden Herren vom regelmäßigen gemeinsamen Besuch. „Gsund is", sprach der Bürgermeister, „und a Gaudi a!" – „Genau", stimmte der Herr Lehrer zu, „und danach ein paar Weißbier, wegen der Elektrolyte, herrlich!" – „Jeden Mittwoch, zumindest in der kälteren Jahreszeit, ich mechts nimmer missen", bestätigte der Veterinär. „Geh weida, Hochwürden", versuchte nun der Bürgermeister den Herrn Pfarrer für das gemeinsame Schwitzen zu gewinnen, „komm halt a amoi am Mittwoch, wirst sehn, des gfoit da!" – „Ich weiß nicht", antwortete der Gottesmann verlegen, „ob das was is für mich." Man ließ nicht locker und pries weiter die Vorteile des Saunierens und der nackten Geselligkeit. „Na gut", gab der Pfarrer schließlich nach, „dann schau ich mir das halt einmal an. Aber am Mittwoch gehts nicht bei mir, da hab ich Spätmess. Am Donnerstag, da könnt ich." – „Auweh", sprach der Bürgermeister, „dös is moan i nix für di, am Donnerstag is nämlich gmischt!" – „Was!", erschrak der Geistliche, „gemischt? Kommen da die Evangelischen auch?"

Die Pfarrerbadehose

Eine weitere, wie ich meine, nette Episode, die mir aus fast erster Hand hinterbracht wurde, handelt ebenfalls von einem Diener des Herrn. Der Herr Pfarrer, ein ehrwürdiger, sich schon lange im Ruhestand befindlicher älterer Herr, nahm noch rege am öffentlichen Leben teil. So ging er auch gerne baden. Ins örtliche Freibad, wo ich ihn öfter traf, oder an einen der schönen Seen im Bezirk. Immer begleitet von seiner Pfarrersköchin. Sie begleitete ihn auch in ein Geschäft für Sportbekleidung, der Herr Pfarrer benötigte nämlich eine neue Badehose. Die alte war schon arg in Mitleidenschaft gezogen. „So konnst di nimma herzoagn", meinte seine Haushälterin, „wia de scho ausschaut!" Also wurde eine neue ausgesucht. Seiner Berufskleidung entsprechend, der der Herr Pfarrer auch im Ruhestand treu blieb, griff er zielsicher nach einem Modell der Marke Adidas, schwarz mit je drei weißen Streifen an den Seiten. Diese sollte es sein. So viel war sicher. Sicher war man sich allerdings nicht über die Größe der Schwimmhose. „Bittschen, do war d'Umkleidekabine, Herr Pfarrer, probiern S' es ruhig o", meinte die Fachverkäuferin. Dem Herrn Pfarrer war das peinlich. Sich in der Öffentlichkeit, wenn auch durch einen Vorhang geschützt, zu entblättern, kam für ihn nicht infrage. „Na", sagte er, „des brauchts ned. De werd scho passen." Das Angebot, zwei oder drei

Größen mit nach Hause zu nehmen und dort zu probieren, lehnte der Gottesmann ebenfalls ab. Man möchte keine Umstände machen, meinte er, es werde schon passen. Nachdem sie dem Herrn Pfarrer die Badehose in geziemendem Abstand vor die Gürtellinie gehalten hatte, stimmte die Verkäuferin zu: „Kunnt passen, und won ned, kemman S' hoit wida, as umtauschn." Das werde nicht nötig sein, meinte dieser, danke vielmals. Die Hose wurde gekauft, man bedankte sich für die vorzügliche Bedienung und Beratung und verabschiedete sich. Zu Hause angekommen, schritt man zur Anprobe. Zwei Nummern zu groß! Mindestens! Oje! „Na", meinte seine Beraterin, „dann werd mas doch umtauschn miassn." Komme gar nicht infrage, man habe schon genug Umstände gemacht. „Muasst mas hoit ändern." Gesagt, getan, die Nähmaschine wurde hervorgeholt und jeweils an den Seitennähten zwei bis drei Zentimeter weggenommen.

Ich habe den Herrn Pfarrer mit seiner so geänderten Badehose kurz darauf im Freibad gesehen. Und wer die Vorgeschichte, die zu diesem Sondermodell führte, nicht kennt, musste meinen, es handelte sich um eine Spezialanfertigung direkt aus der Vatikanschneiderei. Schwarz mit je EINEM weißen Streifen an den Seiten!

Vorangegangene Geschichte dient als Beispiel dafür, wie sehr eines Pfarrers Haushälterin um dessen Wohlergehen besorgt ist und ihm in allerlei Lebenslagen zur Seite steht. Nicht nur, dass sie Hochwürden bekocht und das Haus in Ordnung hält. Auch im gesellschaftlichen Leben ist sich der dienstbare Geist seiner Aufgaben durchaus bewusst.

Zum Abschluss unserer Betrachtungen rund ums Pfarrhaus noch eine kleine Episode, die sich in Ranshofen, dem der

Bezirkshauptstadt Braunau eingemeindeten, nahen Ort, zutrug. Es wurde ein prominentes und allseits beliebtes Mitglied der Dorfgemeinschaft zu Grabe getragen, Angehöriger fast aller örtlichen Vereine und etlicher Stammtische, Förderer des Sportes und der Kirche und Initiator so mancher Feste. So war die Beteiligung am Begräbnis groß, fast der ganze Ort war auf dem kleinen Friedhof versammelt. Abordnungen aller Vereine waren erschienen, viele in Uniform, und nicht nur der Herr Pfarrer selbst hielt eine feierliche Rede auf den Verblichenen. Der Jugendchor sang eine herzzerreißende Weise und die Ortsmusik spielte den „Kameraden". Kurzum, es war an Feierlichkeit nicht mehr zu überbieten. Danach stand man außerhalb der Friedhofsmauer noch einige Zeit in kleineren Gruppen beisammen und pries die „schöne Leich'". (Wie man ja auch in unserer Bundeshauptstadt sagt: „Was wünscht sich der Wiener vom Leben? A schöne Leich'!")

Der Herr Pfarrer wurde ob seiner einfühlsamen Worte gelobt („Schön hat er gredt, da Hochwürden!"), ebenso der Chor („Wia d'Engerl ham s' gsunga!") und die Musikkapelle („Kaum a falscher Ton, oder?"). Man war einhellig der Meinung, selten einem so schönen Begräbnis beigewohnt zu haben, und verschiedentlich hörte man die Aussage: „Dös hätt ihm gfoin." – „Oba schad is scho", bemerkte daraufhin die Pfarrersköchin, die ihren Kosenamen „die zweite Witwe" zu Recht trug. Diesen hatte ihr die Tatsache eingebracht, dass sie jedem Begräbnis ohne Ansehen der Person mit gleicher, professioneller Trauer beiwohnte und unter heftigem Schluchzen und Schnäuzen eben oft der jeweiligen Witwe in nichts nachstand. „Oba schad is scho", sagte sie also mit geröteten Augen, „dass er dös nimma erlebn dürfen hat!"

Nach diesem kleinen Ausflug ins Klerikale wenden wir uns wieder weltlicheren Dingen zu. Der Onkel Franz selbst rückt erneut in den Fokus unserer Betrachtungen. Mittlerweile – so hoffe ich – hat der geneigte Leser ja bereits eine Vorstellung von ihm. Übrigens habe ich mich bewusst dagegen entschieden, dieses Buch zu bebildern. Die wahren Abenteuer sind im Kopf, dichtete und sang bereits André Heller, und so wollen wir es auch hier halten. So möge jeder seinen eigenen Onkel Franz imaginieren, ein Bild im Kopf entstehen lassen. Ihrer hat eine Glatze und ist von schlanker, hochgewachsener Statur? Und Sie? Sie sehen eher eine kleine, gedrungene Gestalt mit stattlichem Bierbauch? Die Vorstellungen, die hier entstehen, sind sicher abhängig von unseren eigenen Erfahrungen, unserem Umfeld. Und so versuche ich, jene Eindrücke, die ich im Laufe meines Aufwachsens im Innviertel gesammelt habe, zu Papier zu bringen, so wie ich sie empfinde. Lassen Sie, liebe Leser, daraus Ihr individuelles Bild im Kopf entstehen. Auch in den Darstellungen manch bekannter Künstler kann man dessen Prägung erkennen. Manfred Deix zum Beispiel ist – wenn ich richtig informiert bin – in einer Wirtsstube aufgewachsen. Oder schauen Sie sich die Zeichnungen von Wilfried Zeller-Zellenberg an, der hielt sich oft und gerne am Wiener Naschmarkt auf. Wir hingegen setzen uns am Mittwochvormittag auf eine Bank am Braunauer Stadtplatz oder an einen Innviertler Stammtisch in einem der zahlreichen Dorfgasthäuser. Dort werden wir ihn sicher treffen, den Onkel Franz.

Beim Frisör

Der Onkel Franz hat natürlich nicht nur seinen Stammtisch, er hat auch seinen Stammfrisör. Dieser, etwa im selben Alter wie der Onkel, schneidet ihm schon seit ewiger Zeit die Haare. Alle vier Wochen, immer mittwochs (richtig, am Markttag). Selbst als der Frisör schon lange in Pension war, stand er seinen alten Stammkunden noch jeden Mittwoch zur Verfügung. Das ließ sich für den Onkel und seinesgleichen eben wunderbar mit den wöchentlichen Markt- und Arztbesuchen verbinden. In dem mittlerweile von seinem Sohn übernommenen Salon empfing also der Senior die langjährige, treue Kundschaft, um ihr die Haare nach alter Gewohnheit zu schneiden und sich mit ihr über Aktuelles und längst Vergangenes zu unterhalten.

Nun wollte es aber der Zahn der Zeit, dass des Onkels Frisör diese Dienste aufgrund akuter Erkrankung des Bewegungsapparates einstellen musste. Es ging eben nicht mehr. Die Schulter. So ist das nun mal, man war halt auch nicht mehr der Jüngste. Einundsiebzig, um genau zu sein. So kam es, dass der Onkel bei seinem nächsten mittwöchlichen Besuch vom Junior empfangen wurde. „Ja sog, Bua, wo isn da Papa?", erkundigte er sich, enttäuscht, seinen Stammbarbier nicht anzutreffen. „Ja – leider nicht da", bekam er zur Antwort. „No, und wann kummt er wida?", fragte der Onkel weiter. „Leider gar nicht mehr", musste er zu seiner Bestürzung hören, „es geht halt nimmer, die Schulter, wissen S', und jetzt kann er halt nimmer arbeiten. Eigentlich is er ja eh schon seit Jahren in Pension", versuchte der Junior dem Onkel die Tatsachen schonend beizubringen. „Ja, aber warum denn jetzt auf oamoi?", wollte der Onkel sich mit dem Gehörten so gar nicht abfinden. „Na schaun S'", antwortete der Nachfolger, „mit oanasiebzg, des is eh nimma gar so plötzlich. Und mit de Schulterprobleme, da gehts halt nimmer so recht mit'm Frisieren."

Darauf der Onkel Franz, ein bisserl verärgert: „Geh, Bua, a so a Blödsinn, was soi denn do i sogn, i bin jetzt fünfasiebzg – und i frisier mi nu jeden Tag!"

Abschließend sei bemerkt, dass sich der Onkel dann doch in sein Schicksal fügte und ihm forthin der „Bub" (der übrigens auch schon auf die fünfzig zuging) die Haare schneiden durfte. Alle vier Wochen, immer mittwochs, wie gehabt immer zur selben Zeit, aber jetzt halt auf Termin!

Eine weitere Neuerung bei des Onkels Stammfrisör war neben der ungewohnten Terminvergabe („Des hats früher a ned braucht, da hat ma hoit gwoart!"), dass den bedienten Herren ein Getränk angeboten wurde. Mineralwasser, Fruchtsaft, eine Tasse Kaffee, aber auch ein kleines Bier oder ein Gläschen Wein waren im Angebot. So trug es sich zu, dass ein Kunde, ein Herr in reiferem Alter und mit tadelloser Erscheinung – ebenfalls ein langjähriger Stammgast des Salons –, mit diesem Serviceangebot konfrontiert wurde. Es war so gegen elf Uhr fünfzehn vormittags, als er gefragt wurde: „Darf ich Ihnen vielleicht etwas zu trinken anbieten?" Der

Frisör dachte dabei wahrscheinlich an ein Glas Wasser oder ein Tässchen Kaffee. „Zu trinken?", antwortete der Herr mit kritischem Blick auf seine Armbanduhr. „Viertel nach elf", stellte er fest, „um die Zeit – was z'trinken? Na, Herr Meister, dös is nu a weng z'bald. Geben S' ma an Weißen!"

Alsdann wurde wortreich klargestellt, dass man vor zwölf Uhr mittags grundsätzlich keinen Roten noch nicht trinken würde, so sei das nun mal, man habe ja schließlich seine Prinzipien!

Wir bleiben gleich beim Wein und begeben uns von der Frisierin die Gaststube. Hier dominiert bei den Getränken freilich das Bier. Sechshundert Jahre Bierwissen aus der früheren Zugehörigkeit zu Bayern mit im Gepäck, hat sich das Innviertel zur Bierregion Nummer eins entwickelt. Man verfügt über die höchste Dichte an Brauereien österreichweit und behauptet mit Stolz, die Geburtsstätte des beliebten Weißbieres zu sein. Nur in Mattighofen durfte es lange Zeit hergestellt und ausgeschenkt werden. Freilich noch zu „bayerischer" Zeit, möchte ich anfügen, um unsere Nachbarn zu besänftigen (ein umstrittenes Thema, dazu mehr in einer späteren Geschichte). Neben dem Bier wurde auch unser Obst vergoren und gebrannt. Most und Schnaps sind in der Region ebenfalls von erster Güte. Und nun kehrt auch – dem Klimawandel sei Dank – der Weinbau ins Innviertel zurück. Langsam, aber stetig. Folgende Geschichte dürfte sich allerdings vor dieser Entwicklung abgespielt haben.

Die Weinprobe

Der Junior vom Eggerwirt ist wieder zurück. Von der Saison. Am Arlberg war er. Dort hat er den gehobenen Service gelernt. Und den Sommelier hat er gemacht. Ein Sommelier, das ist so eine Art Weinkellner. Aber einer, der sich auskennt. Der Bescheid weiß, was er da ins Glas tut. So einer war jetzt also der junge Egger.

So kam es, dass am Freitag eine Weinverkostung beim Eggerwirt stattfinden sollte. Man hatte plakatiert und sogenannte Flyer auf den Tischen aufgelegt. Flyer, das sind so Zettel, wo draufsteht, was wann wo passiert. Und solche Zettel sind halt auch auf dem Stammtisch vom Onkel Franz gelegen. Der Albert hat dann zum Onkel Franz gesagt: „Franzl, du mogst do a an Wein so gern. Soit ma do ned a kemma?" – „A Bier is ma liaba", hat dieser geantwortet, „oba an guatn Wein ob und zua, warum ned. Außerdem, am Freitag san ma sowieso do, schaun mas uns hoit amoi o."

Freitagabend, der Stammtisch ist vollzählig anwesend. Sogar der Hans ist da, Sie wissen schon, unser Einzelsitzer. Und der Hans ist es dann auch, der fragt: „Und – wos gibts heit do?" – „An Wein", wird er aufgeklärt, „oba an bsundan!" – „Ah so."

Der junge Egger spricht ein paar einführende Sätze, begrüßt anschließend den Winzer aus dem Burgenland, übergibt ihm das Wort.

„So, meine Damen und Herren, ich möchte mich vorstellen." Und das tut er dann auch, beschreibt die Lage seines Weingutes, erklärt, warum gerade diese für erstklassige Qualität bürgt, und beginnt seine Kostbarkeiten einzuschenken. Zuerst kommt ein Grüner Veltliner. Grasig, beschreibt er, mit Anklängen von grünem Apfel, a bisserl Pfeffer, etwas Limette vielleicht. Der Hans probiert, schmeckt, überlegt. „A Weißer", attestiert er. „Eh ned schlecht", meint der Onkel Franz, „fia an Burgenländer." – „Geht scho", meint der Albert. Es folgen Riesling, Weißburgunder, Sauvignon Blanc. „Da Erste wor ma liaba", meint der Hans. „Resi, a Hoibi!", sagt der Onkel. Es wird unruhig. Die Resi stört etwas mit ihrer Serviertätigkeit. Ein bisserl zu laut für den Weinfachmann fragt sie nach weiteren Wünschen der Stammtischler. „Franzl, für di nu a Hoibi, a Essigwurscht fürn Albert, Debrezina kumman a glei!"

Der junge Egger greift ein. „So, jetzt passma wieda a bissl auf, der Herr Winzer möchte uns nu a wenig was über seine Roten erzähln." Und das tut er dann auch. Beschreibt, wie er seine Blaufränker ausbaut, warum der Burgunder das Holz so mag und wer der Fritz Zweigelt war. „Kimmt jetzt da Rote?", fragt der Albert. „I moa, jetzt mog i a a Viertl", sagt der Onkel, bekommt aber nur einen Finger breit vom Cabernet Sauvignon Barrique. Langsam bricht die Disziplin. Ein jeder äußert sich ungefragt zum großen Thema Wein, trägt das Seine bei:

„Beim Hofa gibts jetzt an Hillinger, oba do hoast a ondast", meint einer. „An Schraubvaschluss mog i ned, beim Roten scho glei gor ned!", ein anderer. „A Doppler muass nix Schlechts sei!" Das war der alte Egger. „Mehr ois a hoibe Bier soitat a Viertl ned kostn", konstatiert der Onkel Franz.

Der Winzer verliert den Faden, der junge Egger bricht ab. Gibt eine Lokalrunde Obstler aus. Beauftragt die Resi, Brezenständer und Brotkörberl wieder herzuräumen. Mehrere Biere und ein paar Viertel Hauswein werden bestellt. Unser Winzer wird anderntags zu Hause im Burgenland ein bisserl über die Innviertler schimpfen, der junge Egger setzt sich zum Stammtisch und beteiligt sich am beginnenden Viererwatten.

Es soll hier übrigens nicht der Eindruck entstehen, der Onkel Franz im Speziellen beziehungsweise der Innviertler im Allgemeinen wäre xenophob veranlagt. So ist das nicht. Man hat eben nur eine gesunde Skepsis Dingen und Personen gegenüber, die man nicht kennt. Und die sind halt dann meist nicht von hier. Langjährig Erprobtes und Liebgewonnenes wird vorgezogen. Anderem, Fremdem begegnet man mit einer vorsichtigen Neugier. Neu Zugezogene zum Beispiel werden in der Regel freundlich aufgenommen, sodann von allen Seiten beschnuppert und gründlich ausgefragt. Man will ja schließlich wissen, mit wem man es zu tun hat. Wer all das offen über sich ergehen lässt und sich vielleicht auch noch am Gemeinwesen interessiert zeigt oder gar beteiligt – man kann die Freiwillige Feuerwehr oder Ortsmusik unterstützen oder gar aktiv beitreten –, nun, der kann durchaus damit rechnen, fünf oder sechs Jahre später an einem der Stammtische Platz nehmen zu dürfen. Nicht ganz so einfach haben es da Produkte von auswärts, vor allem bei den Genussmitteln. Hat aber auch Sinn. Regionales, Saisonales kann eben auf Konservierung und Transport verzichten und ist somit

wirklich frisch erhältlich. Und man kennt es. Schon von Kindes-
beinen an, schon von der Oma. Und ein bisserl stur ist er halt
auch, der Innviertler. Beobachten Sie in folgender Geschichte,
wie der Onkel Franz meine Thesen untermauert.

Mediterranes

Der Onkel Franz hat Kopfweh. Alkoholbedingt. Nein, er war nicht am Stammtisch, Besuch war da. Verwandtschaft. Einer seiner zahlreichen Neffen. Der Jacques – Jacques Scharinger und seine Frau, die Mitzi. Am Vorabend waren die beiden überraschend aufgetaucht. Auf der Rückfahrt von ihrem alljährlichen Toskana-Urlaub hatten sie spontan beschlossen, beim Patenonkel vorbeizuschauen. Liegt ja am Weg. Der Jacques lebt nämlich seit fünf Jahren in München, wo er für irgendein großes Unternehmen in der Werbung tätig ist. So waren sie also beim Onkel Franz vorgefahren in ihrem schwarzen Volvo-Kombi und hatten sogleich Gastgeschenke und kleines Gepäck für die Nacht ausgeladen.

„I moan, de woin üba d'Nocht bleibm", sagte der Onkel zur Tante, wenig begeistert. Er wurde nämlich durch den überraschenden Besuch bei seiner Abendjause gestört. Kaltes Schweinernes mit Kren und Senfgurken, hausgemachte Sulz, dazu ein Weißbier. Die Abendjause war dem Onkel Franz heilig. Am Küchentisch, an seinem angestammten Platz sitzend, pflegte er – in aller Ruhe – diese Köstlichkeiten zu genießen. Widerwillig stand er auf, um seinen Neffen zu begrüßen. „Jo so was, da Jakob, griaß eich, kemmts eina!"

Jakob Scharinger, der sich seit seiner Studienzeit vorzugsweise mit „Jacques" anreden ließ, stellte den mitgebrachten Karton toskanischen Weines ab und umarmte seinen Onkel nach französischer Manier. Nach einigen Begrüßungsformeln, die eine Selbsteinladung über die Nacht beinhalteten, nahm der Besuch auf der Eckbank Platz. „Marie, meine Liebe", sprach der Jacques zu seiner Mitzi, „bitt doch die Tante um ein paar Teller, wir haben euch da etliche spezielle Köstlichkeiten mitgebracht, die wollen wir doch gleich mal verkosten."

Das Schweinerne und die Sulz wurden beiseitegeschoben und Prosciutto, Parmesan, Oliven und getrocknete Tomaten stattdessen aufgetragen, der mitgebrachte Rotwein fachmännisch entkorkt und eingeschenkt. „Direkt aus der Toskana, Sangiovese, feine Traube, den müsst ihr probieren!" Der Onkel blickte sehnsüchtig auf sein Weißbier, stöhnte kaum hörbar auf und fügte sich in sein Schicksal.

Und jetzt auch noch Urlaubsfotos! Der Onkel Franz hat das immer schon gehasst – Diavortrag! Aber der Jacques braucht keine Verdunkelung, keinen Projektor. Er klappt seinen Laptop auf und los geht's. Man drängt sich auf der Eckbank um den kleinen Bildschirm. Die Mitzi im Olivenhain, der Jakob im Weinberg, beide im Weinkeller. „Und da bin ich mit unserem Patrone, dem Giovanni. Ein ganz feiner Kerl. Wir kennen ihn ja auch schon seit drei Jahren", kommentiert der Jacques.

Es folgen einige Bilder vom Alimentari des feinen Kerls. Eine Art Hofladen. Produkte aus eigener Herstellung, aus der Region. Effektvoll aufgebaut in Sperrholzkistchen, auf Stroh, von Weinlaub umrankt. Eben jene Mitbringsel, denen man sich jetzt wieder zuwendet.

Den Wein bezeichnet der Onkel mit einem gemurmelten „sauba hantig", was ihm einen strafenden Blick der Tante einbringt. Der Jacques versteht „kantig" und setzt zu einem Vortrag über die Ursprünglichkeit der Sangiovese-Traube an, lobt den Onkel als Weinkenner. Als dieser nach seiner Lesebrille verlangt, um das Etikett der „Pommodori secci" zu studieren, setzt es das nächste Lob ob des italophilen Interesses. Dabei sucht der Onkel Franz nur nach dem Verfallsdatum, weil ihm die getrockneten Tomaten „a weng ranzig" vorkamen, wie er der Tante zuflüstert. Den Prosciutto findet der Onkel „zach" und „austrikat", das Toskanabrot „bröslt eahm z'vui" und die Oliven sind ihm sowieso „z'bitta". Das alles hört der Jacques nicht, er bekommt nur mit, wie der Onkel Franz nach dem Genuss besonders alten Parmesans hörbar aufstößt und nach einem Schnaps verlangt. „Grappa", ruft er der Mitzi zu, „Marie, öffne den Grappa!" – „Eh ned schlecht – fia an Trebernschnaps", meint der Onkel. „Lässt er sich ja auch ordentlich bezahlen, der Giovanni, diese Spezialitäten, aber – sagt selbst – das ist's schon wert, original toskanisch!", freut sich der Jacques, dass es allen so schmeckt.

Anderntags, nach einem ebenfalls mediterranen Frühstück, verabschieden sich Jakob und Mitzi Scharinger herzlich, steigen in ihren Volvo und fahren ab. Onkel und Tante winken ihnen noch etwas nach und gehen zurück ins Haus. Die Tante begibt sich in die Küche und bereitet das Mittagessen. Blutwurst mit Sauerkraut und Bratkartoffeln, dazu ein Weißbier. Der Magen des Onkels beruhigt sich, auch das Kopfweh geht weg.

Nach dem Essen sitzt man noch zusammen am Tisch und liest Zeitung. Der Onkel lokal und international, die Tante die Werbebeilagen. Später wird man tauschen. Trotzdem lesen sich die beiden gegenseitig vor: „In Italien hom s' jetzt a de Schuidnkrise", kommentiert der Onkel, und die Tante sagt: „Do schau her, ‚Hofa informiert': italienische Wochen, Spezialitäten aus der Toskana, Sonderangebot, schaut genauso aus wia des Zeig vom Jakob. Franzl, moanst, dass' in Italien a an Hofa gibt?"

„Sowieso", meint der Onkel Franz und macht sich noch ein Weißbier auf.

Doch nicht nur auf dem Teller oder im Glas wird der gelernte Innviertler oft mit Neuem konfrontiert, auch die neue Zeit bringt Ungewohntes in die Stuben. In der modernen, vernetzten Medienwelt, wo beinahe täglich Revolutionäres präsentiert wird, ist eigentlich nur die Altersgruppe, die damit aufwächst, richtig zu Hause. Angehörige der beiden vorangegangenen Generationen – repräsentiert durch den Onkel und mich – quittieren diese Entwicklungen meist mit einem ausgiebigen Kopfschütteln. Dieses Kopfschütteln kann mehrere Bedeutungen haben.
A: „Versteh' ich nicht!"
B: „So ein Blödsinn!"
C: „Erstaunlich, was es alles gibt, das interessiert mich."
Letzteres kommt allerdings selten vor.

Ein Beispiel für des Onkels Umgang mit technischen Neuerungen liefert nachfolgende Szene. Sie ist Wort für Wort überliefert, und zwar von der Tante.

Elektrisches

Der Onkel Franz hat es nicht so mit dem Elektrischen. So nennt es halt er: „Dös Eleggtrische." Meinen tut er damit Elektronisches, Digitales. Elektronische Medien etwa oder Geräte, die eine gewisse Komplexität in Bedienung und Anwendung überschreiten. Mit Strom betriebene Werkzeuge, die der Onkel ja früher auch beruflich zu bedienen hatte, sind hier nicht angesprochen. „Woast, Bua", hielt er in einer mit mir geführten Unterhaltung zum Thema fest, „a so a Flex, a Bohrmaschin oder a Kreissog, do kimmt hint da Strom beim Kabi eini, donn host an Schoita zun Eischoitn, nochan geht da Strom zun Elektromotor und donn draht se de Gaudi. Des tuats." Solch einfach strukturierten technischen Vorgängen vertraut der Onkel Franz. Sie entsprechen seinem Charakter. Geradlinig, nachvollziehbar – Punkt.

So verwundert es nicht, dass keine rechte Freude bei ihm aufkam, als einer seiner Großneffen, der für einen Nachmittag zur Beaufsichtigung abgegeben wurde, dem Onkel seinen Laptop vorführte. „Schau, Opa", begann der Vierzehnjährige – er nannte ihn immer Opa, Großonkel war ihm zu kompliziert –, „jetzt sitz di moi her, i zoag da, wia des geht." Sprach's und aktivierte den Internet-Zugang. „Jetzt konnst beim Google wos suacha!" – „Wos suacha? Wiaso suacha, homma wos verlorn?", wollte der Onkel Franz wissen. „Na, i moan, wannst wos nachschaun wuist, zum Beispui, wann dei Wirt Ruhetog hot oder wos' zum Essen hom, aktuell, verstehst?" – „Ruhetog is beim Egger Montag und Dienstag, essen dua i beim Freitag-Stammtisch oiwei a Gulaschsuppn und beim Frühschoppen höchstens amoi a Essigwurscht oder a sauers Rindfleisch, do brauch i nix nochschaun", legte sich der Onkel fest. Aber so leicht gab ein Kevin Rachbauer nicht auf. „Jetzt sei ned so stur, Opa, du wirst doch irgendwas wissen woin, sog wos, des googln ma dann."

Passend zur Suchmaschine kam die Tante von der Küchenzeile mit ihrem gerade frisch gebackenen Gugelhupf zu den beiden herüber und fragte: „Megts a Stückerl?" – „Sehr gern", „mei, is der guat" und „Dankschön", antworteten diese und ließen es sich schmecken. „Genau", meinte dann der Onkel Franz, „jetzt schaun ma moi, wos dei Kastl ko." Und etwas unbeholfen, mittels Ein-Finger-System tippte er „Gugelhupf" bei Google ein. „Do kimmt nix", beschwerte er sich, „i moa, der is hi." – „Geh, Opa", tadelte ihn der Kevin, „du muasst Enter drucken." – „Wos hoast do enter drucken? Nu enter konn i ned." Der Onkel meinte natürlich den Innviertler Mundartausdruck „enter", der so viel wie „früher, zeitiger" bedeutet. „Na", sprach der Bub, „des Enter moan i, den Knopf do." – „A der mit dem vabogna Pfeil do, der hoast Enter? Komischs Kastl", wunderte sich der Onkel und drückte drauf.   ·

Schon waren sie da: 612.000 Ergebnisse zum Begriff Gugelhupf. Wie zum Beispiel: Backwaren bestellen bei billa.at – Bilder vom Gugelhupf (unangemessene bitte melden!) – diverse Rezepte – eine Kletterschule, genannt Gugelhupf-Climbing

– Restaurants mit dem Namen Gugelhupf in Durham/North Carolina, München, bei Darmstadt, im Schwangau etc. und Wikipedia schließlich kannte den Gugelhupf als Kabarettsendung auf Ö1. „Und wos homma jetzt davo?", fragte der Onkel. „Jetzt wiss'mas!", war des Knaben Antwort.

„Oba woart", meinte er weiter, „jetzt zoag i da nu meine neichn Apps." – „Du moanst eps Neichs?" Eps Neichs, zu Hochdeutsch etwas Neues, glaubte der Onkel Franz, wäre gemeint. Aber nein, „neiche Apps", neue Applikationen wurden ihm nun vorgeführt. „Oba de zoag i da auf mein I-Phone, weil de san voi super für unterwegs." Was nun folgte, nahm der Onkel nur noch am Rande wahr, er passte nicht mehr so recht auf. Schaute immer öfter verstohlen auf die Uhr (um halb sieben würde der Bub abgeholt werden und dann gedachte er eine Jause nebst Weißbier einzunehmen). Eine dieser Apps ermöglichte es dem Mobiltelefon als Wasserwaage zu fungieren, eine andere errechnete, dass es von des Onkels Haus bis zum Eggerwirt genau vier komma sechs drei drei periodisch Kilometer waren, eine weitere war in der Lage, den Titel eines im Radio gespielten Liedes zu ermitteln, noch bevor der Sprecher ihn danach nannte. Mehr dieser bahnbrechenden technischen Wunder waren dem Onkel Franz nicht mehr vergönnt, denn es ertönte ein Signal, das eine eingehende Nachricht anzeigte. „A SMS von da Mama, sie schreibt, dass' grod beim Zubafoahrn is, i soi scho moi d'Jacken oziagn."

Als der Kevin Rachbauer samt Elektronik weg und der Onkel Franz ganz analog beim Weißbier-Einschenken war, sprach die Tante: „Du, Franzl, dass ma ned vergessen, der Bua hot fei nächsten Monat Geburtstag, was schenk ma eahm denn?" Ohne langes Überlegen wusste der Befragte das ideale Präsent:

„Mei Schweizer-Messer kriagt er, des hat mindestens acht neiche Apps, de da Bua nu ned kennt, und de san voi super für unterwegs!"

Diese wie gesagt von der Tante übermittelte Begebenheit ist noch gar nicht so lange her. Für die Richtigkeit der im Anschluss niedergeschriebenen bürge ich selbst. Sie führt uns zurück in die ausgehenden Siebzigerjahre an den Beginn meiner beruflichen Ausbildung. Eigentlich hätte man die Geschichte auch einem früheren Kapitel anschließen können, denn auch hier ist es ein Pfarrer, welcher die Hauptrolle innehat. Wir belassen sie jedoch an dieser Stelle, da ihr – weil autobiografisch – eine gewisse Eigenständigkeit zukommt.

Reise nach Rom

Gerne erinnere ich mich an meine Berufsschulzeit. Einmal die Woche fuhr ich mit dem Frühzug nach Wels, um die Segnungen des dualen Ausbildungssystems zu erfahren. Wir wurden dort in diversen praktischen und theoretischen Fächern unterrichtet und in der vierten Stunde stand Religion auf dem Lehrplan.

Unser Religionslehrer war eine Zierde seiner Zunft. Ein etwa achtzigjähriger katholischer Pfarrer mit schlohweißem Haar stellte sich uns vor. Sein untersetzter, fülliger Leib wurde von einem schwarzen Anzug bedeckt, der auch schon bessere Zeiten gesehen hatte. Spiegelnd glänzten die Ellbogen und andere Stellen des guten Stückes. Der obligatorische weiße Kragen des Priesters war etwas widerspenstig, löste sich ab und zu und stach oft – bald links, bald rechts – ins mächtige Doppelkinn.

Schnell bemerkten wir, dass der Gute nicht mehr ganz Herr seiner grauen Zellen war. Nachdem er uns eingangs ein paar wirre Sätze über weiße Tauben und ewige Verdammnis dargebracht hatte, ging er alsbald dazu über, uns mit einem Diavortrag zu beglücken. Der Projektor wurde mittig aufgestellt, ein Schüler beauftragt, mithilfe der dazugehörigen Fernbedienung die einzelnen Bilder weiterzudrücken, und das Klassenzimmer notdürftig verdunkelt. Bei dem Diavortrag, wie uns der Religionspädagoge mitteilte, handelte es sich um eine Bilddokumentation einer Reise des Welser Pfarrgemeinderates nach dem heiligen Vatikan.

Erstes Bild: Busbahnhof Wels. „Hier sieht man uns alle, den Pfarrgemeinderat – mich selbst – am Busbahnhof Wels, wir steigen ein, Abfahrt!", kommentierte Hochwürden. „Das nächste bitte!", hörten wir unseren Herrn Pfarrer nicht das letzte Mal sagen. „Hier sehen wir die Pfarrgemeinschaft an der Autobahnauffahrt. Die Damen und Herren – ich selbst – machen es sich im Bus gemütlich." Wir begannen auch, es uns etwas gemütlich zu machen. Die Erfahrung aus neun Pflichtschuljahren hatte uns gelehrt, solcherart Dargebrachtes stoisch zu ertragen. Die nächsten sechs Dias zeigten Autobahnleitschienen und überholende Pkws aus Sicht der Pilger. „Das nächste bitte!" Wir Schüler spielten – je nach Neigung – in der Zwischenzeit Schifferlversenken oder lasen in mehr oder weniger jugendfreien Comics.

„Erster Halt Raststätte Voralpenkreuz. Man vertritt sich die Beine, Toilettengang. Das nächste bitte!" Weitere Autobahnkilometer, das Businnere von vorn, von hinten, die Damen und Herren grinsen in die Kamera, erste Wurstbrote werden verzehrt. Auch einige von uns machten sich leise über ihre Pausenbrote her.

„Das nächste bitte! Wir befinden uns bereits im schönen Seengebiet. Vorbei am idyllischen Traunsee und dem wunderschönen Attersee erreichen wir die Autobahnraststätte Mondsee. Hier haben sie besonders schöne Toilettenanlagen!" Spätestens an dieser Stelle wurde uns klar, dass der schon etwas überalterte Welser Pfarrgemeinderat oder maßgebliche Teile von ihm über äußerst schwache Harnblasen verfügen mussten.

„Das nächste bitte! Das ist unser lieber Chauffeur, der Herr Spreitzer." Es folgten fünf bis sechs Fotos vom lieben Herrn Spreitzer, berufsbedingt aber meist von hinten. Mein Banknachbar war bereits eingeschlafen und auch mir fiel es schwer, mich auf die spannende Dokumentation zu konzentrieren. „Das nächste bitte!"

Auf diesem Dia könne man – so meinte unser Herr Pfarrer – besonders schön die Salzburger Festung erkennen. Mit seinem Zeigestab machte er uns auf ein kleines Türmchen in der Ferne aufmerksam, das zwischen einem Heizkraftwerksschornstein und der Hornbrille der Frau Pfarrgemeinderat Gramiller zu erkennen war.

Deutsches Eck, Grenzkontrolle. Der Gottesmann, ein deutscher Zollbeamter – Inspektor Haunsbichler, wie wir erfuhren – und siebenunddreißig Reisepässe. Das gab Stoff für weitere acht Dias. Nachdem uns das Kleine wie auch das Große Deutsche Eck ausführlich erklärt und die Münztoiletten der Autobahnraststätte Chiemsee mit den übelsten Flüchen bedacht worden waren, die einem Mann Gottes erlaubt sind – sie nahm nämlich nur deutsche Pfennige und der Pfarrgemeinderat musste trotz schon sehr dringendem Bedürfnis warten, bis unser lieber Pfarrer Geld gewechselt hatte –, nachdem wir also all das mit großem Interesse aufgenommen hatten, erreichte der Pilgerbus zuerst einen Stau am Inntaldreieck und zwei Stunden später bei Kiefersfelden das heilige Land … Tirol.

„Das nächste bitte!" Autobahnraststätte Vomp, das Dia zeigte den Herrn Pfarrer, der mithilfe des lieben Herrn Spreitzer seine Schäfchen beim Wiedereinsteigen in den Bus genauestens abzählte. „Weil, beim Chiemsee – also das war aufregend – da hätten wir fast unseren Organisten, den Herrn Prätorius ... also den hätten wir fast dort zurück ... aber dann hat doch die Frau Helene, die ja neben ihm saß, nicht, die hat dann bemerkt ..."

Langsam bekam ich eine Vorstellung vom Fegefeuer. „Das nächste bitte!" Innsbruck, Europabrücke, die Frau Helene, der Herr Spreitzer von hinten, Matrei, Steinach, Auffahrt zum Brenner.

„Und da sehen wir die Damen und Herren – mich selbst – am Brennerpass oben, nicht wahr, Beine vertreten, letzte österreichische Toilette, gell, weil die italienischen – ich weiß ja nicht, ob jemand das kennt – die sind ja ... nicht, also da muss man ja ..."

Das Schrillen der Schulglocke rettete uns. Die Religionsstunde war vorbei. Die Damen und Herren Schüler – ich selbst – streckten sich erleichtert, Beine vertreten, Toilettengang, gell!

Nachdem eine Woche vergangen war, wir uns bei der Arbeit von den Strapazen des Vortrags erholen durften, war es wieder so weit. Berufsschule Wels, erster Stock, vierte Stunde – Religion. Wenn wir gehofft hatten, unser Peiniger würde uns heute verschonen und uns mit dem Alten oder Neuen Testament beglücken, wurden wir enttäuscht.

Der Projektor wurde mittig aufgestellt, ein Schüler beauftragt, die Bilder weiterzudrücken, und das Klassenzimmer verdunkelt. „Das nächste bitte!"

Erstes Bild: „Hier sieht man uns alle, die Damen und Herren des Pfarrgemeinderates – mich selbst – … am Busbahnhof Wels, wir steigen ein, Abfahrt!"

Richtig, lieber Leser – ob Sie's glauben oder nicht – ich habe sechsundzwanzig Zeugen –, wir schafften es das ganze Schuljahr nicht über den Brennerpass, geschweige denn in den Vatikan!

PS: Der Walkman wurde erst ein Jahr später erfunden.

Es bleibt autobiografisch. Ein paar Seiten zuvor haben wir des Onkels Beziehung zum Elektronischen kennengelernt. Nun, man kann sagen, er hat mir da so einiges vererbt. Noch nicht lange verwende ich zum Schreiben einen Laptop, die Anfänge dieses Buches wurden noch auf einer alten Kofferschreibmaschine getippt. Mein Verlag hat mich dann doch von den Vorteilen der elektronischen Textverarbeitung überzeugen können, dafür danke ich an dieser Stelle. Auch der segensreichen Erfindung des Mobiltelefons habe ich mich lange verweigert. Erst als private Gründe das Abmelden des Festnetzanschlusses nahelegten, erwarb ich eines dieser Geräte. Aber da – wie der Onkel Franz sagt – nur Dienstboten immer erreichbar sein müssen, erlaube ich mir bis heute einen kreativen Umgang mit dieser Technik. Auch hinke ich der Weiterentwicklung des Mobilfunks ein gutes Jahrzehnt hinterher, da erst ein neues Telefon angeschafft wird, wenn das alte wirklich kaputt ist. Und dann aber bitte das günstigste. So erklärt es sich – und das ist für folgende Szene bedeutsam –, dass ich die Erfindung des Smartphones verschlief.

Stammtisch digital

Wie auch der Onkel verfüge ich über einen Stammtisch. Allerdings funktioniert dieser in weniger strengen Bahnen. Austragungsort und -tag variieren nach Absprache, dennoch versuchen wir eine gewisse Konstanz zu halten, was auch meist gelingt. In vorliegendem Fall waren wir zu viert, eine unserer tragenden Säulen – Jürgen mit Namen, ich grüße ihn an dieser Stelle – fehlte. Sein Nichterscheinen an diesem Abend war mit seiner Fußballleidenschaft entschuldigt. Im Fernsehen wurde irgendein wichtiges Spiel einer wohl ebenfalls wichtigen Mannschaft übertragen. Nähere Auskünfte muss ich schuldig bleiben, da ich selbst kaum über Interesse oder Ahnung betreffs dieser Sportart verfüge. Sei es wie es sei, wir hatten dennoch einen lustigen Abend. Ab und zu brachten wir einen Toast auf den Daheimgebliebenen aus und stellten uns vor, wie er – womöglich mit Fanschal und Wimpel – seine Mannschaft unterstützte. Ansonsten kam das Thema Fußball in der Unterhaltung kaum vor. Erst als die Uhrzeit gekommen war, da das Spiel zu Ende gegangen sein musste, wurde es wieder aufgegriffen. Das Lokal, in dem wir an diesem Abend saßen, belästigte seine Gäste dankenswerterweise weder mit Fernseh- noch mit Radioübertragung des Sportereignisses. Jetzt aber begann es die Mitglieder des Stammtisches

– mich ausgenommen – doch ernsthaft zu interessieren, wie denn das Match ausgegangen war. Kein Problem, meinte da einer der Freunde und zückte sein kürzlich erworbenes Smartphone. Großes Display, Highspeed-Internet. Und schon war er drinnen in Selbigem und versuchte mit flinken Fingern, das Torergebnis zu eruieren. Sein Sitznachbar, ein Profi aus der IT-Branche, hatte für das Amateurgerät nur mitleidigen Spott übrig und klappte seinen Kommunikator auf. Dadurch erinnerte das Telefon an einen Laptop im Mini-Format. Nun entbrannte ein Rennen um die schnellstmögliche Beschaffung des Spielausgangs. Während ich mir kopfschüttelnd ein weiteres Weißbier bestellte, trat ein Dritter in den Wettstreit ein. Mit ebenfalls abfälligen Bemerkungen über Hard- und Software seiner Gegner begann er sein I-Phone der neuesten Generation zu streicheln und zu drehen, doch auch er scheiterte.

Hätte mein Telefon eine Kamerafunktion gehabt, ich hätte die Szene liebend gerne gefilmt. So aber konnte ich nur mein altmodisches, viel zu großes Tastengerät ohne Internetzugang und Bildschirm aus der Tasche ziehen und verkünden: „So, liebe Freunde, und jetzt zeig' ich euch, wie das geht!" Die Reaktion der Angesprochenen war vernichtend. „Was, mit deiner alten Gurke?", wurde ich ausgelacht. Ich überhörte weitere Schmähungen und rief den Fußballfan einfach zu Hause an: „Servus, Jürgen, alter Freund, Frage: Wie ist's denn ausgegangen? Drei zu zwei, aha. Für wen? Ah so. Ja, wir haben's auch nett. Alsdann, bis bald." Drei Augenpaare und drei offene Münder, die Finger in der erfolglosen Internetrecherche wie eingefroren innehaltend, glotzten mich die Stammtischbrüder an. Als man sich wieder etwas gefangen hatte, wurde natürlich behauptet, an die Möglichkeit eines Anrufes auch gedacht zu haben. Man hätte nicht stören wollen und Ähnliches. Ich bezeichnete diese Einlassungen als lahme Rechtfertigung und behauptete vielmehr, dass man bei allen digitalen Muskeln das Gehen verlernt habe. Sprich, dass die Geräte, die nun etwas entzaubert auf dem Wirtshaustisch rumlagen, in erster Linie Telefone wären, mit denen man Menschen anrufen könne. Da Polemik ein wesentlicher Bestandteil der Stammtischkultur ist, wurde es noch eine erfrischende Diskussion über Sinn und Unsinn moderner Technik, die mir bis heute in lebhafter Erinnerung ist.

Die nächste Geschichte fand zum Teil bereits in meinem Buch „Feinspitz im Innviertel" Verwendung. Im ersten Kapitel dieses lokalen Gastronomieführers beschreibe ich eine Radtour entlang des Inns. Und wer würde sich hier wohl besser als Guide anbieten als der Onkel Franz höchstpersönlich. Zusammen mit dem Albert schickte ich ihn also los, die am Fluss gelegenen Wirtshäuser und Mostschänken zu besuchen. Dabei – muss ich gestehen – hatte ich es allerdings mit der Wahrheit nicht ganz so genau genommen. Die Tante muss ja nicht alles wissen, hab' ich mir damals gedacht. Worüber ich mich natürlich im Irrtum befand. Selbstverständlich wusste die Tante sehr bald alles. So ist es mir nun gestattet, den tatsächlichen Sachverhalt des Radausfluges der beiden Herren niederzuschreiben. Denjenigen unter Ihnen, die löblicherweise bereits mein erstes Buch gelesen haben, werden einige Passagen der folgenden Geschichte bekannt vorkommen, manches wird Ihnen neu sein. Hier nun also die ganze Wahrheit.

Die Radltour

Heute hat der Onkel frei. Frei hat er zwar eigentlich immer, da er ja schon pensioniert ist. Aber heute, da hat er richtig frei. Denn die Tante – also seine Frau – ist nicht da. Sie hat einen Besuch zu machen. Bei der Mitzi, einer Cousine. Die ist schon sehr alt, lebt allein und wird ein paar Mal im Monat von der Tante bekocht und betreut. Darum muss sich der Onkel Franz heute selbst versorgen. Und so ruft er seinen Freund, den Albert an. „Albert", sagt er, „Albert, heut mach ma a Radltour!" Punkt neun ist er da, der Albert. Kurze Hose, Freizeithemd. Der Onkel etwas förmlicher: Stoffhose, Schnürschuhe und seine Lieblingsjacke, die er sonst gar nicht mehr anziehen darf, wenn die Tante dabei ist. Halb Sakko, halb Blouson und schon etwas abgewetzt. So schwingt man sich aufs ebenfalls in die Jahre gekommene Fahrrad und strebt den nahen Innauen zu. In Ranshofen bei Braunau beginnend, hat man vor, sich so weit wie möglich flussabwärts Richtung Osten zu bewegen. Einige Male wollen die beiden einkehren. Und damit beginnen sie auch gleich, es ist ja beste Frühschoppenzeit. Bald ist das Gasthaus Putscher erreicht.

Hier ist schon einiges los. Hauptsächlich Einheimische bevölkern den Gastgarten, viele sind mit dem Rad hier. Am Stammtisch ist noch Platz für den Onkel Franz und seinen Freund. Das erste Bier löscht den Durst – es ist bereits sehr warm an diesem Vormittag –, das zweite ist schnell bestellt. Man erörtert die aktuelle politische Lage, das Wetter und die eigene Gesundheit. Der Albert kritisiert – obwohl er kein Auto hat – die hohen Benzinpreise, ein anderer ist mit der EU unzufrieden. Kurzum, es ist sehr gemütlich. Dennoch verlangt der Onkel bald nach der Rechnung und drängt zum Aufbruch. Schließlich wollen die beiden am Abend ein paar gefahrene Kilometer vorweisen können. Allzu leicht könnte man zu Hause in Verdacht geraten, nur im Wirtshaus gesessen zu haben, dem möchte man wahrheitsgemäß etwas entgegenhalten können. Man verabschiedet sich also ungern („Geh, Franzl, bleib nu a weng!") und greift nach den Jacken, die man an der Garderobe aufgehängt hatte. Und obwohl man meinen könnte, des Onkels Rock wäre ein Unikum, hätte er ihn dennoch beinahe mit dem eines anderen Gastes verwechselt. „Hoit, des is mei Jackn!", ruft dieser dann sogleich. „De is zwar scho recht oid, oba de gib i ned her!" – „Eh wia de meine a", antwortet der Onkel und lacht. Man wünscht sich noch einen schönen Tag und steigt aufs Rad.

Es geht den Inn entlang Richtung Braunau. Auf dem Damm, vorbei an der Staustufe Ranshofen, ist es nicht mehr weit. So fährt man an der Bezirkshauptstadt vorbei und folgt dem Inn weiter Richtung Hagenau. Da werden sie von einem Radler überholt, den man schon vorhin beim Wirt gesehen hatte. Es ist der Herr, dessen Jacke der des Onkels ähnelt. „Der is oba flott unterwegs!", stellt der Onkel Franz verwundert fest. „Muass an sauba hochn Gang drin hobm, weil trettn duat a nur olle heiligen Zeitn." Der Albert, der in solchen Dingen bewanderter als der Onkel ist – er liest aufmerksam sämtliche Werbepostwürfe –, kann aufklären. „A Elektroradl hot a! I hob ma a scho moi überlegt, ob i ma sowas kauf, san oba nu sauba teia", schnauft er. „A Radl is zum Trettn do!", erwidert der Onkel, „sunst konn i eh glei mit'm Moped foarn, neimoderner Blödsinn sowas!" Damit hat er das letzte Wort. Es wären dem Albert zwar schon noch einige Argumente für ein Elektrofahrrad eingefallen, aber er ist vom gleichzeitig Reden und Radeln zu sehr außer Atem. Im Stillen wünscht er sich bereits heute elektrische Unterstützung, denn der Onkel Franz legt ein flottes Tempo vor. So erreichen die beiden die Hagenauer Bucht. Hätte der Onkel ortsunkundigen Besuch dabei gehabt, er hätte ihm dort das imposante Schloss gezeigt. So aber steuert man gleich den Wirt z'Hagenau an, um sich „a Halbe aufn Weg" zu genehmigen.

Der Onkel und sein Freund haben in Hagenau nur kurz Rast gemacht, es liegen noch einige Stationen vor ihnen. Der Radweg entfernt sich nun kurz vom Innufer und führt – vorbei am Mostbauern in Aham – wieder auf den Damm. Hier wird der Fluss zum Stausee, man nähert sich der Innstufe Frauenstein. Und ebenda, direkt am Staudamm, liegt die Burg Frauenstein mit der dazugehörigen Burgschänke.

Nun muss man wissen, dass die Strecke von Aham zur Burgschänke schnürlgrad am Damm entlangführt und sich für eher ungeübte Radler ganz schön zieht. Vor allem, man sieht das ersehnte Ziel von Anfang an. Und es scheint einfach nicht näher kommen zu wollen. Ein bisserl was getrunken haben die Herren ja auch schon. Und jetzt auch noch Gegenwind! „Franzl, ned so schnoi!", ruft der Albert auf halber Strecke. Und dann bleibt er stehen. „Außerdem muass i biseln." – „Dann gehst hoit gschwind in d'Büsch", sagt der Onkel. „Aber beeil di, i foahr dawei longsom weida!" Der Albert schiebt sein Radl um eine Bank herum, die am Rand des Dammes steht, und lehnt es dahinter an. Dann steigt er ins leicht abschüssige Gehölz, um sein Geschäft zu verrichten. Als er fertig ist und wieder auf sein Rad steigt, sieht er den Onkel bereits in einiger Entfernung vor sich. Jetzt aber schnell. Er steigt auf und tritt in die Pedale. Der Gegenwind ist plötzlich auch nicht mehr so schlimm. Er scheint sogar gedreht zu haben und so kommt der Albert recht flott voran. Trotzdem scheint sich sein Freund vor ihm immer weiter zu entfernen. Also legt der Albert noch einen Zahn zu. „Franzl", ruft er, „jetzt wart hoit!" Aber der hört ihn nicht.

Mittlerweile ist der Onkel Franz bei der Burgschänke Frauenstein angekommen. Vom Albert weit und breit keine Spur. Anfangs hat er sich noch ein-, zweimal umgeschaut, da war des Freundes Radl noch an der Bank gelehnt. Aber unterm Fahren auf dem schmalen Damm nach hinten zu schauen ist nicht ganz ungefährlich. Rechts der Abhang und links der Inn, da sollte man besser nicht aus der Spur kommen. Der wird mir schon folgen, hat er sich gedacht und ist gemütlich weitergeradelt. Und jetzt, wie gesagt bereits am Etappenziel, nichts zu sehen vom Albert. Mobiltelefon haben die beiden Herren natürlich keines, sonst hätte man anrufen können. So beschließt der Onkel, sich erst einmal eine Halbe Most zu kaufen. Der wird schon kommen, denkt er sich erneut.

Währenddessen wundert sich der Albert zum einen, dass er seinen Freund noch immer nicht eingeholt hat, obwohl er wie wild in die Pedale tritt. Zum anderen erstaunt ihn, dass der Damm nun endet und nach einer kleinen Steigung in einen Schotterweg am Waldrand übergeht. Er war schon lange nicht mehr in Frauenstein, aber er meint sich zu erinnern, dass der Damm direkt zur Burg führe. Komisch. Und jetzt – der Weg ist nun asphaltiert und führt an einem Bauernhof vorbei, der ihm bekannt vorkommt – sieht er den Onkel Franz wieder weit vor sich. Noch einmal gibt er Gas. Der Freund scheint langsamer zu werden, der Albert holt auf. Näher und näher kommt er und erreicht den Onkel schließlich, als dieser stehen bleibt und absteigt. Und als er gerade schimpfen will: „Was foahrst ma denn so schnoi davo, Franz?", erkennt er schlagartig beide seiner Irrtümer. Erstens: Der nun Eingeholte ist gar nicht der Onkel Franz, es ist der Elektroradler mit der ähnlichen Jacke. Zweitens: Nicht Frauenstein ist es, wo nun auch der Albert vom Radl steigt, sondern der Wirt z'Hagenau! Die Wirtin schaut ein bisserl verwundert, als der Gast von vorher – diesmal allein – im Gastgarten Platz nimmt und einen Schnaps verlangt.

In Frauenstein – der Onkel hat Bekannte getroffen und überlegt gerade, ob er sich noch einen Most bestellen soll – winkt die Kellnerin mit dem Schnurlos-Telefon und ruft seinen Namen aus. „Jo, hier, des bin i!", meldet er sich und bekommt das Gerät ausgehändigt. Das folgende Telefonat wird an beiden Enden der Leitung alles andere als diskret geführt und sorgt für Belustigung in gleich zwei Gastgärten. So findet der Albert auch gleich Anschluss beim Stammtisch in Hagenau und man beschließt, sich am jeweiligen Standort noch etwas von den Strapazen zu erholen. Danach wolle man sich auf halbem Wege beim Mostbauern in Aham wieder treffen. Genau, Albert, der Bauernhof, der dir so bekannt vorgekommen ist!

Müßig zu erwähnen, dass die Geschichte des Missgeschicks der beiden noch vor ihnen beim Mostbauern angekommen ist. So wurde dem Onkel Franz und dem Albert bei ihrer fast gleichzeitigen Ankunft dort ein dementsprechender Empfang zuteil. Und so erklärt sich auch das eine oder andere Krügerl oder Stamperl zu viel.

Als dann die Tante am frühen Abend von der Mitzi, ihrer Cousine, nach Hause zurückgekehrt ist, fand sie einen weiteren Betreuungsfall vor. Auf dem Stubensofa, neben der Eckbank, lag sanft schnarchend der Onkel Franz, der sich von den Strapazen der anstrengenden Radlerei erholen musste. Gegen fünf Uhr hab' ich die beiden nach eingehendem Notruf beim Ahamer Mostbauern abgeholt und heimgebracht. Der Albert hat den Rüffel durch seine Gattin noch in meiner Anwesenheit bekommen – die Herren waren schon etwas lustig. Der Onkel wird morgen, nachdem er das kaputte Rücklicht seines Radels ins Treffen geführt hat, lediglich einen schiefen Blick und ein leichtes Kopfschütteln der Tante ernten. Aber schön war's!

Edelweißkränzchen

Von der Hauptfigur des Geschehens selbst erfuhr ich, was sich auf dieser ehrwürdigen, jährlich wiederkehrenden Veranstaltung zutrug. Der Robert, er dürfte zum Zeitpunkt der Handlung wohl um die fünfundvierzig Jahre alt gewesen sein, ist hauptberuflich Landwirt, passionierter Jäger und vor allem ein leidenschaftlicher Träger von Trachtenkleidung. Selten sieht man ihn ohne Lederhose. Aber nicht nur im Alltag, auch für feierliche Anlässe ist der Robert bestens gerüstet. Prächtig bestickte Westen besitzt er, und Gehröcke in feinster Ausarbeitung. Nun erfuhr der Innviertler vom Edelweißkränzchen in der Stadt Salzburg. Hier wäre edelste Tracht zu bewundern, bei den Damen wie auch bei den Herren. Selten sähe man eine derartige Ansammlung von wunderschönen Dirndlkleidern und festlichen Trachtenanzügen. Da muss ich hin, beschloss unser Robert und erwarb eine Karte.

Noch zu erwähnen wäre, dass Robert auch sehr gern das Tanzbein schwingt. Er tanzt nicht nur gern, sondern auch sehr gut. Was ihn zum beliebten Partner auf den Parketts der heimischen Bälle und dementsprechend gefragt bei den Damen macht. Trotzdem ist er noch Single. War eben noch nicht die Richtige dabei.

Jetzt aber – gehüllt in feinsten Loden und Brokat – betritt er die heiligen Hallen des Edelweißkränzchens. Und tatsächlich, hier wird unserem Robert etwas geboten! Atemberaubend schön, was sich dem Auge des Trachtenliebhabers auf diesem Ball zeigt. Natürlich, ein paar Grauslichkeiten à la Landhaus sind auch dabei. Hirschhornknöpfe in der Größe von Untertellern oder mittelalterliche bis karibische Fantasiekombinationen springen da und dort schmerzhaft ins Auge. Aber insgesamt – wie gesagt – eine Freude für jeden Fan von traditioneller, alpenländisch festlicher Kleidung.

Nach einem Aperitif und ein paar Häppchen vom Buffet ist nun für Robert die Zeit gekommen, sich eine Tanzpartnerin zu erwählen, deshalb ist er ja schließlich angereist. Damit ist nun in der Geschichte auch der Moment erreicht, wo wir in den Erzählmodus des Betroffenen wechseln wollen. So gebe ich nun wieder, wie der Robert es mir wörtlich berichtete.

„War scho a Fesche, blond und d'Haar so a weng aufigsteckt. Und a Soizbuaga Dirndl in Dunkelblau und Grün mit a wengal Gold, extra elegant!", schwärmte er mir vor. „Und tanzt hat s', ein Traum!" So habe er in stiller Bewunderung dieser Attribute etliche Tänze mit der Schönen absolviert.

Als er die Dame zum Tanz aufforderte, wäre ihm die besondere Sprachfärbung der Maid noch nicht aufgefallen, doch als man begann, zwischen den Musikstücken einige Nettigkeiten auszutauschen, habe er deren seltsames Näseln bemerkt. Hochdeutsch mit einigen hiesigen Verniedlichungs-Endungen, a bisserl Sissi, a bisserl Hofrat. Anifer Schönbrunn halt. Konnte der Robert nicht einordnen und darum fragte er: „Sog amoi, wo kimmst denn du her? I moan, bist iatzt du von da Stadt Soizbuag soiba? Oda vo wo umadum sunst her, ha?"

„Ob s' a Stodarin is, woit i hoit wissn, oda ob s' von Soizbuaga Land irgendwoher is! Worauf sie – a weng durch d'Nasn – moant: ,Ich lebe schon seit Jahren in der schönen Stadt Salzburg, komme ursprünglich aber aus Oberösterreich.' Sog i: ,A so a Zuafoi, i a! Von wo in Oberösterreich bistn dann?' – ,Ich stamme aus dem Bezirk Braunau', hat s' ma dann mitgeteilt. ,Eh i a', hob i gsogt, ,und von wo genau da?' – ,Geboren wurde ich in der kleinen Landgemeinde Sankt Johann am Walde', hat s' gnaslt."

„A Saiga Honsarin bist, des passt, i bin a Schmoina!", rief der Robert dann aus. Und erzählt: „Dann hat s' nimma mit mir tanzt, des Kaibe!"

„Des Kaibe" – wörtlich übersetzt dieses Kälbchen – ist hier weniger ein Kose- als ein Schimpfwort. Und Saiga Hons meint Sankt Johann, dessen Nachbargemeinde Maria Schmolln wiederum hierorts kurz Schmoin genannt wird.

Tracht trägt er nach wie vor gern, der Robert. Und tanzen tut er auch noch mit Begeisterung. Aber jetzt halt hauptsächlich auf Feuerwehr- und Sportlerbällen in Saiga Hons, Schmoin und Umgebung.

Gesellschaftsreise

Nachstehendes ist aus zweierlei Hinsicht erzählens- beziehungsweise aufschreibenswert. Einerseits ist es eher selten, dass der
Onkel Franz aktiv bei mir vorbeischaut (und das hat er kürzlich
getan), andererseits ist der Onkel nicht der klassische Urlaubs-
typ. Warum sollte er auch. Eine angenehme Unterkunft – ausgestattet mit mittelharter Matratze und hautfreundlichem Bett-
zeug –, ein Kaffee nach des Onkels Geschmack, resches Gebäck
nebst traditionell produzierter Butter und saftigem Schinken,
dazu ein wachsweich gekochtes Ei, all das bekommt er das ganze
Jahr über zu Hause im Innviertel. Bleibt als Argument ein berau-
schendes Panorama, ausgestattet mit mittelalterlich verfallener
Baukunst und einem bis zum Horizont unendlich scheinenden
Ozean. Dagegen die Vorzüge der Innviertler Badeseen in gran-
dioser Naturlandschaft und einer Gastronomie, die vergleichend
gesehen hoch über dem südländischen Angebot steht, da könnte
man sich natürlich fragen, womit die Ferne sonst zu locken ver-
mag.

Nun, das alles sind Gedanken, die den Onkel Franz in der Regel
nicht beschäftigen. Zur Zeit seiner Erwerbstätigkeit war ein
Urlaub, der einen weit vom heimatlichen Herd entfernt hätte,

·

ohnehin nicht denkbar. Die vom Arbeitgeber zur Verfügung gestellte Freizeit war kostbar und wurde in die Instandsetzung und -haltung des Eigenheimes investiert. Bei den Arbeitskollegen war es dann oft die Gattin, die derartige Wünsche äußerte. Die den Mann versuchte, zur Fernreise oder ähnlich gesellschaftlich angesehenen Tätigkeiten zu überreden. Und sie hatte damit in der Regel Erfolg. Jetzt, in der Pension, verspürte der Onkel aus oben genannten Gründen auch kein Fernweh. Und begab sich dennoch auf Reisen. Wie konnte das passieren?

Da man erkannte, dass der Durchschnittskonsument sich nicht aktiv auf die Suche nach ansprechenden Angeboten machen würde, ging man andere Wege. Und zwar bereits extrem ausgetretene. „Hofer informiert", „Krone am Sonntag" oder Ähnliches war ja schon des Längeren in die guten Stuben gekrochen. Genau über diese Kanäle injizierte man nun den Virus des Entbehrlichen. Und eben diese perfide Guerillataktik streifte den ansonsten so resistenten Onkel. So konnte es geschehen, dass er nebst Tante ein derart ins Haus geflattertes Angebot angenommen, unterschrieben und abgeschickt hatte. Weil, wie die Tante meinte, man so was ja mal ausprobieren könne. Auch die Meingassner Cilli, die halbtags beim Metzger im Verkauf arbeitet – „weißt eh, Franz, die kleine Dicke" –, war schon dort. „Auch in Lido di Jesolo und schön wars, hat sie gsagt. Und praktisch, so mit dem Bus und alles organisiert. Und schau her, Franzl, Partner fährt gratis, Einkaufsmöglichkeiten unterwegs!"

Und jetzt kam er eben von jener Gemeinschaftsbusreise zurück und stand – mit einem großen Paket unter dem Arm – vor meiner Tür. Er stellte es ab, hängte seine Jacke und den Hut an meine Garderobe und nahm mit missmutiger Miene bei mir am Tisch Platz. Ich hatte noch eine Flasche Most und aufgeschnittenes

Geselchtes im Kühlschrank und servierte beides ungefragt. Als ich dann noch mit etwas Bauernbrot aus der Küche an den Tisch kam, sah ich, wie sich des Onkels Gesichtszüge leicht erhellten. Nachdem wir uns zugeprostet und etwas gestärkt hatten, begann der Onkel zu erzählen: „Woast eh, Bua, wia i immer sag. Wieso soi i bitte uman Hauffn Goid um d'hoibe Woit foahrn oda gar fliagn, nur damit i dann durt anam Schwimmbad lieg und schlechter schlaf und schlechter iss wia dahoam, und dös zwischen am Müiviertla undam Preiss? Oba mitam Bus, hat dei Tante gmoant, mitam Bus kunntma scho amoi mitfoahn. Hob mi eh zerst nu gwehrt, oba sie hot koa Ruah gebm. No sanma hoit obe auf Jesolo." An dieser Stelle seufzte er hörbar und nahm einen tiefen Schluck von seinem Most. „Des war oba 's letzte Moi, dass i wo mitfoahr, des sog i da glei!"

Aus seinen weiteren Schilderungen entnahm ich, dass am Morgen der Abreise der Wecker bereits um drei Uhr früh klingelte. Das Reisegepäck für die fünf Tage Italien hatte man am Vortag schon gepackt und ganz nach vorn zur Haustüre gestellt. Die ebenfalls am Abend davor zurechtgelegte Kleidung sorgte da schon für eine kleine Meinungsverschiedenheit. Der Onkel Franz bestand nämlich auf seiner Alltagsadjustierung, die Tante meinte, so könne man sich vor dem Herrn Buschauffeur, den Mitreisenden und den Italienern nicht sehen lassen. Der Onkel blieb stur, ging jedoch einen kleinen Kompromiss ein. Nämlich den, seine geliebte, schon sehr abgenutzte Strickweste gegen die neue, noch ungetragene von vorletztem Weihnachten zu tauschen. Seinerseits hatte er an der Aufmachung der Tante ebenfalls etwas auszusetzen: „Gehst leicht in d'Kircha?", fragte er undiplomatisch, als seine Frau, die sonst meist in praktischer Kleiderschürze anzutreffen war, angekleidet aus dem Schlafzimmer trat. Dunkles Kostüm nebst Schultertuch, schwarze Schuhe,

Hut und Handtasche boten an der Tante ein ungewohntes Bild. Der Hubert – ein Nachbar, der um diese Zeit aufgrund seines Schichtdienstes schon oder noch auf war – fuhr die beiden dann zum Busbahnhof.

„Was, mehrer foahrn da ned mit?", entfuhr es dem Onkel beim Einsteigen in den Bus des örtlichen Reiseunternehmers. „Da kemman sicher nu andere", meinte die Tante. Tatsächlich befanden sich bei der Abfahrt um vier Uhr früh inklusive der beiden lediglich zwölf Leute (mit dem Fahrer dreizehn) im modernen Fünfziger-Bus. „Kennt hab i neamd, aussam Hartinger Sepp und seina Resi, oba de san eh überoi dabei." Josef und Theresia Hartinger betrieben vor ihrer Pensionierung eine kleine Gemischtwarenhandlung im Ort und genossen nun ihren Ruhestand. „Mit'm Gschäft homma eh nia fuart kinna, oba jetzt schaun ma uns d'Woit an!", pflegten sie zu sagen. Sie sagten es auch jetzt und boten dem Onkel Franz und seiner Frau die beiden freien Sitze neben ihnen an. „Na, dankschön, i sitz mi liaba ganz viare, sunst wird ma schlecht", war die zweideutige Antwort des Onkels, die ihm den ersten scharfen Blick der Tante einbrachte. Es sollte nicht der letzte auf dieser Reise gewesen sein.

Das Rätsel des spärlich besetzten Busses löste sich bereits in St. Peter, wo man beim Gemeindeamt weitere Mitreisende aufnahm. „Und überoi homma a Zeitl warten müssen, bevor ma weitergfoahrn san", klagte der Onkel. „Aufglaubt homma d'Leit dann nu in Weng, Treubach und Moosbach. In Mauerkirchen, Uttendorf und Mattighofen san de Mehrern zuagstiegn. Von Pfaffstätt is da Pfarrer mit seiner Köchin mitgfahrn, des hat am längsten dauert. Da homma von Jeging nu amoi zruck miassn, weil der Schauer an Sakristeischlüssel eingsteckt ghabt hat!" Nachdem in Obertrum die letzten Mitreisenden zugestiegen

wären, habe man um acht Uhr dreißig früh bei Salzburg die Autobahnauffahrt erreicht. Hier wolle man nun zügig vorankommen,
verkündete der Buschauffeur mittels Mikrofon den Reisenden.
Daraus wurde leider nichts. Schuld daran waren etliche Baustellen, die Blockabfertigung am Tauerntunnel und nicht zuletzt der
asynchrone Harndrang der Passagiere. So war es dann bereits
dreizehn Uhr, als der im Prospekt ausgelobte Zwischenstopp in
Villach anstand.

Hier wurde von der Autobahn abgefahren und ein sogenannter
Landgasthof angesteuert. In einem halbwegs heruntergekom-
menen Saal nahm man das Mittagsmahl in Form von Wiener
Schnitzel (vom Schwein) mit Pommes frites ein. „Für a so a
schlechts Schnitzel bin i a nu nia so weit gfoahrn!", meinte der
Onkel Franz, als er seine Pommes frites dem Pfarrer von Pfaffstätt überließ. Man wäre wohl auf so eine große Gruppe nicht
eingerichtet, versuchte dieser die mangelhafte Küchenleistung zu
entschuldigen. Das ließ der Onkel nicht gelten. Selbstverständlich wäre man erwartet worden. „A Spezi vom Chauffeur isa, da
Wirt, was moanan S' denn, Hochwürden!" Der Herr Schremser
– eben jener vom Onkel der Vorteilsnahme verdächtigte Chauffeur – war es dann auch, der zum Aufbruch drängte. „So, meine
Lieben, auf, auf, mir hams drawig. Weil Schopping in Tarvis und
Kaffee und Kuchen in Udine müssma a nu!" Spätestens hier, verriet mir der Onkel Franz, habe er überlegt, wie viel wohl eine
Taxifahrt zurück ins Innviertel kosten würde.

Von Villach aus ging es dann weiter über die offene Grenze
nach Tarvis. Die angedrohte Einkaufsmöglichkeit entpupp-
te sich hier als Einkaufspflicht. Der Onkel Franz, der auf den
Herrn Schremser eh schon ein bisserl grantig war, teilte diesem
mit, er werde auf den Besuch der Großkaufhalle verzichten und

stattdessen im Bus bleiben. Ein kleines Nickerchen ohne die Gesellschaft der Mitreisenden hatte er im Sinn. Dergleichen käme nicht infrage, erhielt er zur Antwort. Der Bus müsse abgesperrt werden, aus versicherungstechnischen Gründen. „Dann sperrst mi hoit ei", war des Onkels Lösungsvorschlag. Auch das wäre nicht erlaubt, wurde er belehrt. Feuerpolizeilich oder so. Dann ist er halt missmutig ausgestiegen, der Onkel Franz. „Oba i wart herauße. In den Fetzentempl bringst mi ned eini!" Der Tante war das Verhalten ihres Gatten etwas peinlich. Aber sie wusste natürlich auch, dass er bei seiner Entscheidung bleiben würde. Der Herr Schremser wiederum bestand auf der Einhaltung des Protokolls. „Sie können heraußt vorm Gebäude ned warten, weil mir ja hinten wieder außakemman!" – „Des is mir wurscht, beim Busparkplatz is a Wirt, do kauf i mir dawei a Hoibe!", war das letzte Wort des Onkel Franz. Der Buschauffeur und Reiseleiter muss wohl instinktiv gespürt haben, dass er sich in diesem Fall die Zähne ausbeißen würde. So hat er versucht, den Schaden zu begrenzen und den Onkel ziehen lassen. Und eifrig den Rest der Herde ins Einkaufsparadies bugsiert. Seine Sorge war natürlich die, dass mehrere seiner Schäfchen dem Beispiel des sturen Bockes folgen könnten. So murmelte er etwas von einer Unpässlichkeit des Herrn und schob die Reisegesellschaft durch den Eingang. Der Onkel Franz hingegen suchte sich einen gemütlichen Gastgartenplatz mit Blick auf den Bus aus und bestellte sich bei der freundlichen Kellnerin ein Bier und eine Essigwurst. Letztere fand sich zwar nicht im Angebot der Speisekarte, aber die Bedienung war aus Kärnten und versprach, den Sonderwunsch in der Küche durchzusetzen.

Als die Mitreisenden inklusive Tante und allerlei Einkaufssackerl wieder beim Bus erschienen, hatte sich des Onkels Gemüt bereits so weit besänftigt, dass er dem Herrn Schremser freundlich

lächelnd entgegenrief: „Und, ham S' Eahna a was Schöns kauft?"
Der fand das gar nicht lustig und trieb die Innviertler zur Eile.
Der Pfarrer von Pfaffstätt war es dann, der auf der Weiterfahrt
die Stimmung etwas aufheitern wollte. Das neu erworbene Italia-
T-Shirt über sein weißes Hemd gezogen, versuchte er, mit einer
Stange Salami dirigierend, die Reisegesellschaft dazu zu bewegen,
mit ihm „Hoch auf dem gelben Wagen" zu singen. Aufgrund der
Tatsache, dass nur seine Haushälterin mit einstimmte und der
Herr Schremser das Radio lauter stellte, gab er aber alsbald auf.

„Woast, Bua", erzählte der Onkel weiter von seiner Urlaubsreise,
„i vertrag eh viel, aber wie mir dann wieder in dem Bus ghockt san
und da Chauffeur übers Mikrofon dauernd vom schönen Ober-
italien gsuammt hot, von dem i nu nix wia d'Autobahn gsegn
hab; und wia se dann a nu da Hartinger hersitzt und von früher
von seim Gschäft verzöht, da ward i am liabsten z'Fuaß wieder
hoam!" Die Tante musste wohl seinen Unmut gespürt haben und
hatte so auch in Udine kein bisschen protestiert, als der Onkel
das dortige, im Reisepreis inkludierte Kaffee- und Kuchen-
Arrangement unter erheblicher Aufzahlung in zwei Halbe Bier
und Debreziner-ähnliche Würstel umwandelte. Immerhin war
es bereits die Zeit der zu Hause gewohnten Abendjause und die
zwei Bier bescherten dem Onkel einen wenigstens halbwegs ge-
ruhsamen Schlaf auf den nächsten gut hundert Kilometern. So
verpasste er den Stau am Autobahnkreuz Palmanova und den
vergeblichen Versuch des Herrn Schremser, die Reisenden mit
Witzeerzählen bei Laune zu halten.

Es war bereits acht Uhr am Abend und er nun schon geschlagene
siebzehn Stunden auf den Beinen, als man Lido di Jesolo und das
dortige Hotel erreichte, berichtete mir der Onkel Franz minder
begeistert. „Und des Hotel – hübsch weit hint und neben so an

verrostn Luna-Park –, des muasst da vorstoin wia die Siebziger-Jahr-Hochhäuser in da Neustadt. Oba a wenig staubiger. Da hats dann nu a Nachtessen gebn. Des warn so Nudeln mit ana grünen Soß, Pesto ham s' es gnennt. I hab hoit vui Brot gessn. Wia se dann a nu da Pfarrer und de Seine hergsitzt ham zu uns, samma hoit boid ins Bett."

Nur schlafen konnte er dann nicht, erfuhr ich weiter. Viel zu weiche Matratze, kein ordentlicher Tuchent, sondern bloß ein Leintüchl und so eine Art Bundesheerdecke. Bei geschlossenem Fenster zu heiß (Klimaanlage in Reparatur) und bei offenem zu laut (Luna-Park). So ist er halt dann schon um fünf Uhr früh wieder aufgestanden, der Onkel Franz, und ein wenig im fast menschenleeren Jesolo herumgewandert. Die Straßenkehrer waren schon zu Gange und haben den frühen Wanderer fröhlich gegrüßt, das hat dem Onkel gefallen und er hat mit einem von ihnen sogar ein bisserl Konversation gehalten. Nicht, dass er Italienisch könnte, aber der Mann der Stadtreinigung habe – wie er erzählte – früher in einer Eisdiele in Spittal an der Drau gearbeitet und sprach leidlich Deutsch. Dieser verriet dem Onkel dann auch ein in einer Seitengasse gelegenes, kleines Café, das um diese Zeit schon aufhabe und wo er selbst seine Pause verbrächte. Und diese Pause wäre genau jetzt, beschloss Francesco – so hieß der Mann –, und lud den Onkel auf einen Espresso ein.

Zurück im Hotel – die Reisenden aus dem Innviertel waren bereits zum gemeinsamen Frühstück angetreten –, verlangte die Tante von ihrem Gatten zu wissen, wo er denn wieder gewesen wäre. Dieser berichtete wahrheitsgemäß und erntete ein Kopfschütteln. „Oba da Kaffee war guat, und a Schwoarzbrot ham s' a ghabt. Ned so kasige Weckerl wia de do." Überhaupt konnte er dem Hotelfrühstück und der Atmosphäre des Speisesaales nichts Positives abgewinnen. „A weng wia im Altersheim, ha? I moan, de woin uns scho a bissl dran gwohna!" Und stur wie er ist, der Onkel Franz, ging er nun jeden Morgen ins Straßenkehrer-Beisl zum Frühstücken. Die Tante ließ es ihm durchgehen, bestand jedoch darauf, dass man den Mitreisenden sowie dem Hotelpersonal eine andere Version zukommen ließ. Ihr Mann müsse morgens ausgedehnte Spaziergänge machen, gesundheitsbedingt. Die Venen. So entstand des Onkels erster Stammtisch außerhalb des Innviertels.

Nun, am ersten Aufenthaltstag der Reisegruppe in Lido di Jesolo (der Tag der Anreise kann hier nicht mitgezählt werden, man verbrachte ihn ja fast ausschließlich im Bus) wurden die Innviertler geschlossen zum Baden geführt. Mit einer Ermäßigungskarte des Hotels reduzierte sich der Tagespreis für eine Strandliege plus Sonnenschirm auf fünfundzwanzig Euro. Dies wäre für hiesige Verhältnisse eine Okkasion, erklärte der Herr Schremser, der die Transaktion für alle Reisenden abwickelte. Der Buschauffeur blieb für die Dauer des Aufenthalts in Italien vor Ort und fungierte zusätzlich als Fremdenführer. „I brauch koa Liege", rebellierte der Onkel als Einziger, „mei Hondtiachl duats a!" Ein scharfer Blick der Tante und ein leise gezischtes „Jetzt stoi di ned so an, Franz, die Hartingerin schaut scho!" ließen ihn dann doch nachgeben und die geforderte Summe aus dem Geldbörsel hervorkramen. Wenigstens musste man die sauteuren Strandmöbel nicht selbst schleppen und aufstellen. Braungebrannte Buben in blauweiß gestreiften Ruderleiberln nahmen die vom Herrn Schremser ausgeteilten Berechtigungskärtchen entgegen und führten die Oberösterreicher zu den ihnen zugewiesenen Einheiten. Der Onkel Franz kam in Reihe dreiundzwanzig (vom Meer aus gerechnet) Strandbett römisch fünf zu liegen, die Tante auf römisch sechs. Das heißt, zu liegen kam er vorerst nicht. Unter dem Sonnenschirm stehend, in voller Adjustierung, die Hände auf dem Rücken verschränkt, sondierte er misstrauisch das Terrain. Reihe dreiundzwanzig, römisch drei und vier wurden von den Hartingers eingenommen, Liege sieben und acht gehörten dem Pfarrer von Pfaffstätt nebst Köchin. Die beiden Letzteren kamen gerade aus der Umkleidekabine zurück und bewiesen Mut zur Mode. Die Schwimmhose des Gottesmannes war etwas zu groß geraten und bunt mit Kreisen und Dreiecken gemustert. Seine Haushälterin hingegen trug einen schwarzen Einteiler, der mit einer Unmenge von weißen Rüschen und Mascherln beeindruckte. Dezenter dagegen das Ehepaar Hartinger. Irgendwas in Grau. Die Sonnenmilch, mit der sie sich gerade ausgiebig beschmierten, dürfte ein aus der Geschäftsauflösung übrig gebliebener Ladenhüter gewesen sein, sie roch ein bisserl ranzig. Auch die Tante war bereits umgekleidet und liegend in das mitgebrachte „Goldene Blatt" vertieft.

„Da hab i mir dann beim Strandwirtn zerst amoi a Hoibe Bier kauft", setzte der Onkel Franz seine Urlaubserzählungen fort. „A Puntigamer wars und sauteuer! Dann hab i mi a umzogn. Oiso halt d'Schua aus und dafia d'Klapperl an. D'Hosen a weng aufigstoit und 's Hemd a weng aufgmocht. Woast eh, i vetrag d'Sonn ned so recht und außerdem san eh scho gnua halbnackerte Kasermandl umadumgrennt." Nachdem er zum Meer hintergewandert war, inspizierte der Onkel kritisch dessen Tiefe und Qualität. „Sauber seicht, de Adria. Da Hartinger is ungefähr an halben Kilometer draußen gstanden und hat ned amoi nasse Knia ghobt. Dafür is an Haufen so grüns Gras umadumgschwumma, do deafatns oan zum Heign schicka!"

Nun – Sie werden es sich denken können –, der Onkel ist weder an diesem noch an einem der nächsten Urlaubstage ins Meer gegangen. Auch gesonnt hat er sich nicht in Reihe dreiundzwanzig römisch fünf. Die Tante schon. Sie ist auch mehrmals im Meer gewatet mit der Hartinger Resi. Und einmal – es war gerade Flut – sogar kurz geschwommen. Der Onkel Franz hingegen hat sich am nächsten Tag die Schnapskarten mitgenommen. Mit einem pensionierten Maurer aus Moosbach, in dem er schnell einen Leidensgenossen erkannt hatte, saß er nun die restlichen Badetage beim Strandwirtn zum Kartenspielen und investierte die gesparte Liegebett-Miete in Puntigamer.

„So, und jetzt zu dem Packerl." Wir hatten unsere kleine Jause beendet und der Onkel Franz stellte das mitgebrachte Paket auf den Tisch. Und erzählte mir, wie er in den Besitz des selbigen gelangt war. „Dass de Kost in dem komischen Hotel nix Gscheits war, hab i dir eh scho gsagt", fuhr er fort. „Jetzt hats guat passt, dass uns da Francesco – woast scho, der, mit dem i dort oiwei gfrühstückt hab – zu eahm hoam zun Essen eingladen hat. Sei Frau dat a Hasenjungs mocha. Da hab i natürlich glei zuagsagt." Was etwas voreilig war. Denn zur gleichen Zeit sah die Reiseplanung eine zweite, verpflichtende Einkaufsmöglichkeit vor. In einer Pizzeria im Nachbarort Eraclea war ein externes Abendessen – das selbstverständlich im Pauschalpreis inbegriffen war – nebst Vorführung von Gesundheits- und Haushaltsprodukten zu absolvieren. Und wie schon in Tarvis weigerte sich der Onkel vehement, daran teilzunehmen. Der Herr Schremser hatte es schon lange aufgegeben, den „Sturschädel", wie er den Onkel Franz hinter vorgehaltener Hand bereits nannte, bei der Stange zu halten. So nahm die Tante ohne ihren Gatten an der Veranstaltung in Eraclea teil. Und da ihr das Verhalten des Onkels vor den anderen und dem Herrn Schremser ein bisserl peinlich war, fühlte sie sich fast verpflichtet, etwas zu erwerben. Und eben dieses Produkt war nun per Post im Innviertel angekommen und stand bei mir auf dem Tisch. „Und weil i der Sach mit'm Strom oiwei ned recht trau und du, moan i, amoi gsagt hast, dass d' eh oft kalte Fiaß hast, hab is dir mitbracht." Außerdem wolle er das Ding nicht im Haus haben, es würde ihn immer an seine erste und auch gleichzeitig letzte organisierte Urlaubsreise erinnern. Seither bin ich stolzer Besitzer einer naturfaserbeschichteten, stufenlos regulierbaren Heizdecke.

So weit die Reise für den Onkel an die südliche Grenze Österreichs ist, so nah liegt die nördliche. Und verirrt sich der Innviertler einmal ausnahmsweise in das angrenzende Gebiet, trifft er auf ein gar arg fremdes Volk. Den dort lebt der Niederbayer, der sich grundlegend von ihm unterscheidet. Sagt zumindest der Onkel Franz. Obwohl er kaum welche kennt. Man könne ja trotzdem eine Meinung haben, denkt er. Umgekehrt verhalte es sich ja auch so. Und eben jenes ambivalente Verhältnis beider Stämme beleuchtet nachstehende Begebenheit.

Drent und herent –
kleine Geschichtsfälschung mit Bier

Wie er so dagestanden ist in meinem Garten, der Onkel Franz, und versonnen meinen Apfelbaum angeschaut hat, da hätte ich noch gedacht: Ein ganz normaler Besuch. Aber als er dann begonnen hat zu sprechen, nach einem langen Schluck vom Bier aus dem Steinkrug, welchen ich ihm gerade eingeschenkt hatte, da war klar: Irgendwas hat er. „Woast, Bua", begann er, „woast, i hab ja nix gegen de da drüben. Aber was mir der da neili am Stammtisch ummireibn woit, des geht z'weit!" Wie ich erfuhr, war bei des Onkels letztem Stammtisch beim Eggerwirt ein Ausländer mit am Tisch gesessen. „Da Albert hatn daherbrocht. Vom Schafkopfn dat ern kenna, a ganz a Gmiatlicher wara. Eh ned zwida aufn ersten Blick, oba wira an Mund aufgmocht hot, hastas hoit glei gmerkt … No jo, a Boarischa wars hoit!"

Dazu ist anzumerken, dass der Onkel Menschen jedweder Nationalität, Hautfarbe und Religion äußerst offen und wohlwollend gegenübersteht. Aber er ist halt ein bisserl bavariophob. Der Bayer und der Innviertler – meint er – vertragen sich halt nicht direkt. Zu verschieden sei man, zu weit voneinander entfernt. Also natürlich nicht geografisch, sondern mehr so allgemein, nicht. Ich habe den Onkel ja im Verdacht, dass diese Haltung insgeheim von der Befürchtung herrührt, der Innviertler sei dem Bayern näher, als beiden lieb ist. Dass die Verwandtschaft enger wäre, als gemeinhin immer behauptet wird. Und das passt ihm halt nicht. Abgrenzung aufgrund allzu großer Nähe. Sigmund Freud hätte seine Freude.

Natürlich dauerte es an besagtem Stammtisch dann nicht lange, dass das Gespräch auf einen jüngeren Grenzkonflikt kam. Das bayerische Simbach, mit Braunau durch eine Brücke über den Inn verbunden, hat seit ein paar Jahren eine neue Attraktion. Der scheidende Bürgermeister betrieb federführend die Aufstellung einer Statue am bayerischen Brückenende. Ein kleines Abschiedsgeschenk an die Simbacher und nicht zuletzt an sich selbst sozusagen. Mittig als Fahrbahntrenner und für jedermann von Weitem sichtbar, steht sie nun da auf einem hohen Steinsockel und trennt auch die Gemüter. Aenus wurde dargestellt, ein vorchristlicher Flussgott, reitend auf einem Fisch, einem Huchen. Die (Gott sei Dank linke) Hand in Siegerpose ausgestreckt, deutet er weit ins bayerische Land hinein. Folgerichtig streckt er dabei sein (vorerst noch unbedecktes) Hinterteil gen Braunau. Schnell war die Figur von denjenigen Innviertlern, die über rudimentäre Lateinkenntnisse verfügen, in „Anus" umgetauft. Einige wenige andere schimpften unfeiner über den „Oasch" der Gottheit. Politik und Kunst auf deutscher Seite reagierten unverzüglich und zogen Aenus ein verschämtes Bronze-Höschen an.

„I hätt eh ned damit ogfangt", erzählte mir der Onkel Franz weiter, „oba da Boarische – i moa, a weng naiv war der a – bringt auf oamoi d'Red drauf. Schee is a scho, wiera so majestätisch dosteht, hätt a gmoant." Das reizt nun natürlich den Onkel zur Gegenrede. Nach einem ausgiebigen Schluck aus seinem

Bierglas seufzt er mitleidig und spricht: „Jo, na, eh – verkehrt steht a hoit do!" Wieso verkehrt, will der Bayer wissen, und der Onkel sagt es ihm: „Es hobts jo bei eich dahoam gern amoi so stoanane Löwen vor da Haustür, goi?" Der Simbacher bejaht das. „No, und wo schaun de hi? Ha? Zur Hausmauer zuabi oda wos? Ned, goi?" In Richtung der ankommenden Besucher würden die Figuren blicken, selbstverständlich nicht denselben den Rücken oder gar das Hinterteil darbieten, führt er weiter aus. Dem Onkel Franz würden noch weitere Beispiele einfallen, etwa die berühmte Emily, die Kühlerfigur von Rolls-Royce, die auch in Fahrtrichtung und nicht etwa zum Fahrer hin schaue. Oder die Galionsfiguren der Schiffe. „Oba passt eh", fährt er fort, „wei wann jetzt sogma amoi a Japaner auf Simbach kimmt und des Trumm fotografiert, vastehst – was bringt a dann hoam auf Tokio, ha? Genau, ein Foto vom wunderschönen Braunau! Da habts eich a saubas Ei glegt, Spezi!"

Diese Runde geht eindeutig an den Onkel. Da nützt es dann auch nicht mehr viel, dass dem bayerischen Nachbarn einfällt, den Ball nach Braunau zurückzuspielen: „Jo, wos is nocha mit eiam Kaisa, ha?" Er bezieht sich damit auf die Büste Kaiser Franz Josephs des Ersten, die anlässlich seines Braunau-Besuches im Jahre 1904 angefertigt und in einem kleinen Park am Ende des Stadtplatzes aufgestellt wurde. Für alle Zeiten, wie es in der damaligen Festschrift hieß. 1938 von den Nazis entfernt, lagerte sie lange in der Herzogsburg, dem Braunauer Bezirksmuseum. Zusammen mit einem steinernen Wappen des alten Brückentores, das den Doppeladler der Habsburger-Monarchie und den Pfälzer Löwen zeigt, soll sie nun bald wieder fast am alten Platz aufgestellt werden. Nämlich am Beginn der Innbrücke. Und schaut dann auch nicht nach Simbach. Warum sollte sie auch. (Außerdem ist es eine Büste und hat als solche keinen Hintern.)

Eigentlich stünde es im Nationenkampf nun objektiv gesehen eher unentschieden. Aber der Stammtisch ist nicht objektiv. Pech für den Gast. Der nun seinerseits einen tiefen Schluck seines Innviertler Bieres nimmt und meint: „Eh ganz guat, eicha Bier." – „Oha!", entfährt es da dem Onkel Franz, „oha, iatzt wirds recht!"

Was ihn denn auf die Idee bringen würde, Bier wäre etwas, das die Bayern in irgendeiner Form urheberrechtlich für sich beanspruchen könnten, will der Onkel vom Nachbarn wissen. Diese Information folgt auf den Fuß: „Reinheitsgebot, anno 1516 erlassen von seiner Durchlaucht Herzog Wilhelm dem Vierten in Ingolstadt, Bayern!", lautet die ebenso prompte wie triumphierende Antwort. „Ja, eh gscheit vo eicham Willi, dass ers erlassen hat, oba gschriebn is fei worn im Innviertel. Von am gwissen Baumgartner, Schlossherr von und zu Frauenstein bei Mining, Innviertel, Oberösterreich, do glei ums Eck, vastehst?"

Nun muss er versuchen, sich zu sammeln, der bayerische Gast, um die Information, die ihn bis ins Tiefste seiner heimatlichen Grundfesten erschüttert hat, zu verdauen. Sich erst einmal auf sicheres Terrain retten. Und was kann sicherer sein für einen Bayern beim Thema Bier als sein Nationalgetränk – das Weißbier. „Oba 's Weißbier, des megts es a agrod so gern wia mia und des is nu wirkli original boarisch, gei?!", stellt er mit dem Brustton der Überzeugung fest und in den Raum. Doch auch hier erleben wir den Onkel historisch sattelfest. „Erfunden is zerst amoi worn in Böhmen, eher dann doch a unsrigs Kronland. Eicha Willi hat se hoit 's Monopol gsichert." Damit spielt der Onkel Franz auf die Tatsache an, dass das Weißbier, ein Weizenbier, dem Reinheitsgebot widersprach. Darin war ursprünglich nur von Gerste die Rede. Wilhelm der Vierte jedoch hatte beträchtliche Schulden.

So übertrug er das Monopol zur Herstellung des beliebten Getränkes 1548 an das Geschlecht der Degenberger zu Schwarzach bei Straubing und belegte es mit der vierfachen Steuer. Und so flossen die Einnahmen. Der Erfolg des Weißbieres hatte vornehmlich zwei Gründe. Zum einen war das zuvor gebraute Braunbier ein recht fades Gesöff, gewürzt mit allerlei, nur nicht mit Hopfen. Lorbeer und Koriander wurden verwendet oder auch die Kätzchen des Gagelstrauches. Zum anderen war das obergärige Weißbier ebenso im Sommer zu brauen und stand somit auch zwischen Georgi (23. April) und Michaeli (29. September) zur Verfügung. In weiterer Folge war sich die herzögliche Familie wohl uneins. Wilhelms Sohn, Albrecht der Fünfte, verbot 1567 die Herstellung des Weizenbieres. Es wäre „ein unnützes Getränk, das weder führe noch nähre, noch Kraft und Macht gebe, sondern nur zum Trinken anreize". Außerdem verbrauche es zu viel Weizen, der vordringlich zur Produktion von Brot benötigt wurde.

1602 starb nun mit dem letzten männlichen Degenberger dessen Geschlecht aus. Max der Erste wiederum – Urenkel des Reinheitsgebots-Stifters Wilhelm – zog das Monopol an sich – auch er hatte sich im Dreißigjährigen Krieg schwer verschuldet – und erwarb im selben Jahr die Burg Mattighofen. Dort ließ er Weißbier brauen und nur von dort durfte es laut Dekret im gesamten Gebiet des Rentamtes Burghausen bezogen werden.

Nach diesem kleinen Exkurs in die Geschichte kehren wir wieder an den Stammtisch zurück. Der Onkel Franz, der gerade von der Toilette kommt, muss mit Bestürzung feststellen, dass der bayerische Neuzugang seinen angestammten Platz beim Kachelofen okkupiert hat. Das geht gar nicht. Andererseits gibt ihm das die Gelegenheit, einen Spruch anzubringen, den die Innviertler von alters her für die Landler vom Hausruck, aber auch für die Bayern reserviert haben. „Wann d'Innviertler kemman, hoasts ummirucka!", sagt er und schiebt den Nachbarn beim Hinsetzen sanft einen Meter weiter. Dieser nimmt den Faden des vorherigen Gespräches wieder auf und sagt: „Oiso, 's Weißbier, host vorhin seiba gsogt, des ham mir Bayern kultiviert, is' ned wahr?" Das lässt der Onkel so nicht gelten und legt die geschichtlichen Tatsachen innviertlerisch kreativ aus: „Jo, zerscht scho, oba dann hats eicha Herzog Albrecht glei wieder verbotn. Und weils in Bayern oft amoi koane männlichen Nachkommen z'ammbringts, san eich de Biersieder ausm Boarischn Woid ausgstorbn. Nochan ham mir hoit wieder eispringa miassn. Von Mattighofen aus hamma ganz Bayern mit Weißbier versorgt. Ohne uns Innviertler dats heit nu eicha brauns Gagerlbier saufen!"

Während er mir diese Geschichte erzählte, hatte der Onkel den Steinkrug geleert und bat um Nachschub: „Des is oba amoi a guats Bier, moanst, kriag i nu oans?" – „Gerne", antwortete ich und holte ihm eine weitere Flasche Augustiner Edelstoff aus dem Kühlschrank. „Aha, a boarischs", stellte der Onkel Franz fest. „Na, hom eh a super Bier, de do drüben, oba i woit na hoit a a bissl seggiern, an Ludwig, woast." Aha, dachte ich, man nennt sich schon beim Vornamen, so tief können dann die Gräben wohl nicht sein. Auf mein diesbezügliches Nachfragen hin erfuhr ich den weiteren Hergang des Diskurses am Stammtisch.

Der bayerische Gast hat sich das mit dem Gagerlbier nicht gefallen lassen und zurückgeschossen. „Mog jo eh sei, dass südlich des Inns domois a feine Bierregion entstanden is. Oba hot hoit zu der Zeit zu Bayern ghört und dei Baumgartner wor vo Landshuat und da Max der Erste gwiss koa Estarreicha, host mi?" Das gefällt dem Innviertler. Der wehrt sich. Und eigentlich hat er ja recht. Doch das kann der Onkel so schnell nicht zugeben. „No schaust da amoi nu oidane Karten von Bayern an – songma so vom 8. Jahrhundert – und dann red ma weida", antwortete er. „Moanst du unterm Tassilo?", entgegnete der Nachbar und zeigte damit ebenfalls geschichtliches Wissen. Darauf der Onkel: „Jo, genau der." Und was er jetzt macht, ist eindeutig Geschichtsfälschung: „Und den sei Reich war hauptsächlich auf österreichischem Gebiet. Am Inn, an da Soizoch, an da Enns, da Mur und da Drau. A so a Zipferl Bayern um d'Isar war a dabei. Da kunnt ma dann eher sagn, dass Bayern lang bei uns war, bevor mir eich dann mit unserm Bierwissen in d'Unabhängigkeit entlassen habn, oder?"

Ja, liebe Leser, so geht's, wenn der Innviertler auf den grenznahen Niederbayern trifft und umgekehrt. Ersterer wird – falls er sich einmal innergebirgs oder gar in Wien aufhält – aufgrund einer leichten Dialektfärbung sofort verdächtigt, ein Bayer zu sein. Zweiterer wird bereits in Schwaben oder der Pfalz zum Österreicher gestempelt. Was beiden so was von überhaupt nicht passt. So sind sie denn irgendwo Leidensgenossen, der Onkel Franz und sein neuer bayerischer Stammtischfreund, der Ludwig. Die beiden treffen sich nun übrigens regelmäßig beim Eggerwirt. Und sind mittlerweile auch darob übereingekommen, dass das Kernland beiderseits am Unterlauf des Inns die Wiege der Bierkultur darstellt. Und weil der Onkel schon immer gern das letzte Wort gehabt hat, fügt er abschließend noch an: „Drum hoaßts jo a Innviertel!"

Aus vorangegangener Episode erkennen wir, dass er durchaus geschichtlich bewandert ist, der Onkel Franz. Und dass er es mag, wenn sein Gegenüber einem kleinen Schlagabtausch standhält. Nicht nur übers Wetter will man reden am Stammtisch, nicht nur über die üblichen Themen aus Politik und Tagesgeschehen. Ich habe mit dem Onkel oft lange über Philosophie, Religion und diverse Grenzwissenschaften diskutiert und muss sagen, dass er mir mehr als so manch studierter Kopf mit auf den Weg geben konnte.

„Wie groß ist doch die Zahl der Dinge, derer ich nicht bedarf!"
(Sokrates)

Was mir am Onkel Franz schon immer gefallen hat und was ich denn auch versuche, so gut ich kann zu übernehmen, ist seine Zufriedenheit. Viel hat er nie gehabt, der Onkel. Aber für ein geruhsames Leben in seinem kleinen Häuschen, seine geliebte Abendjause nebst zwei Weißbieren und für die regelmäßigen Stammtischbesuche hat's immer gereicht. Dafür, meint er, kann man schon dankbar sein. Dazu eine relativ stabile Gesundheit und nicht zuletzt seine Frau, die Tante. Nicht nur, dass sie Haushalt und Garten scheinbar mühelos im Griff hat und nach des Onkels Vorlieben beste Kost auf den Tisch bringt. Vor allem ist sie ihm immer und in allen Lebenslagen fest zur Seite gestanden, hat seine Eigenheiten toleriert, verteidigt und oft auch übernommen. Von Liebe hat er zwar nie gesprochen, der Onkel Franz, musste er aber auch nicht. Ich finde, man hat's deutlich sehen können.

Was des Onkels Wesensart auch ganz gut beschreibt, ist der Ausdruck Zweckoptimismus. Karl Valentin (schon wieder ein Bayer) hat es auf den Punkt gebracht. Er sagte: „I bin froh, dass' regnet, wie wann i ned froh wär, regnats a!" Dem ist nichts hinzuzufügen.

Epilog

Nun, liebe Leser, an dieser Stelle möchte ich mich zuallererst dafür bedanken, dass Sie meinen Sprüngen und Wendungen bis an diesen Punkt gefolgt sind und der Argumentation des Autors mehr oder weniger gewogen, zumindest aber daran in einem gewissen Maß interessiert waren.

Ich möchte mich und den Onkel Franz bei dieser Gelegenheit auch noch ein Stück weit verteidigen beziehungsweise rehabilitieren. Es verhält sich in keiner Weise so, dass beim geschätzten Onkel oder bei mir selbst ein unverbesserlicher Konservatismus oder gar blinde Fortschrittsphobie vorläge. Es handelt sich vielmehr um eine gesunde Skepsis dem gegenüber, was Obrigkeit, Medien und andere Beeinflussungsinstrumente uns gleich dem sprichwörtlichen Hendl wie ein Stückerl Brot vor den Schnabel werfen. Es mag ein gutes Stück Brot sein, schmackhaft und von allererster Qualität. Es sei aber mir und meinem Onkel Franz gestattet, eben dieses Stückerl Brot einer eingehenden, internen Prüfung zu unterziehen, bevor wir dem Henderl gleich danach schnappen. Und wenn wir das dann tun, dann sei es uns auch erlaubt, es mit den Brotstücken zu vergleichen, die wir in der Vergangenheit schon kosten durften. Man mag uns dafür der

Sturheit bezichtigen (ein Kompliment, das wir gerne annehmen), ich würde es eher als freie Meinungsbildung bezeichnen. Der geneigte Leser möge sich dieser Beweisführung anschließen oder sie ablehnen oder sie zumindest in Betracht ziehen. Bei den Anhängern aller drei Varianten bedanke ich mich herzlich für das Interesse an meinen Ergüssen und darf hoffen, Vergnügen bereitet zu haben. Denn – wie irgendein kluger Kopf schon einmal bemerkte – wäre genau das der Endzweck der Kunst.

Der Onkel Franz selbst verabschiedet sich an dieser Stelle vorübergehend von Ihnen. Vorübergehend deshalb, weil es durchaus möglich ist, dass er in Zukunft noch das eine oder andere Mal literarisch auftauchen wird. Und weil er im besten Falle auch gar nicht ganz weggeht. Da – und das wünsche ich mir vermessenerweise – ein Stückerl Onkel Franz sich in den Gehirnwindungen gleichsam festgefressen haben könnte und sich immer dann zu Wort meldet, wenn's allzu gleichgebürstet wird. Und so wird das scheinbar Althergebrachte, Konservative zum Rebellen, zum Stachel im Fleisch des Unkritischen und Angepassten.

Nochmals danke ich allen, die dieses Buch möglich gemacht haben. Allen guten Geistern meines Verlages, die mich aufs Freundlichste betreuten, aber auch all jenen, die in meinem privaten Umfeld zum Gelingen des Vorliegenden beitrugen. Ich denke da in erster Linie an einen mir sehr wertvollen und lieben Menschen. Sie wird wissen, dass sie gemeint ist. Auch meiner Familie möchte ich danken, vieles erwuchs aus meiner Ahnenreihe.

Doch nun genug der Danksagungen, ich muss zum Stammtisch! Die Freunde warten schon, das Weißbier ist bereits eingeschenkt, und wer weiß, vielleicht schneidet der Wirt ja noch etwas Geselchtes auf …